Futh

Rationalisierung der Datenverarbeitung Band IV

Oldenbourg

Dipl.-Kfm. Horst Futh

Rationalisierung der Datenverarbeitung

Band IV

Rechenzentrumsorganisation

Arbeitsplanung und Ablaufvorbereitung
Datenerfassung – Datenverarbeitung
Arbeitskontrolle

Mit 8 Abbildungen und 37 Formularen

R. Oldenbourg Verlag
München Wien 1975

CIP-Kurztitelaufnahme der Deutschen Bibliothek

Futh, Horst
Rationalisierung der Datenverarbeitung.

Bd. 4. Rechenzentrumsorganisation : Arbeits=
planung u. Ablaufvorbereitung, Datenerfassung,
Datenverarbeitung, Arbeitskontrolle.
ISBN 3-486-34911-2

ISBN 3-486-34911-2

Inhalt

Vorwort zur Gesamtausgabe

Alle mit der Datenverarbeitung zusammenhängenden Fragen sind heute aktueller denn je. Nicht nur, daß die Anzahl der installierten EDV-Anlagen von Jahr zu Jahr wächst und immer mehr Anwendungsgebiete auf die EDV umgestellt werden, auch die EDV-Probleme haben erheblich zugenommen. Während in den 60er Jahren die maschinelle Abwicklung von Massen- und Routinearbeiten im Vordergrund stand, werden heute Lösungen für Dispositions- und Informationssysteme, für den Einsatz von Dialoggeräten und für den Aufbau von Datenbanken gesucht. Diese Entwicklung stellt neue Fragen und verlangt ein Abweichen von eingefahrenen Wegen. Hinzu kommt, daß die Unternehmen heute aus wirtschaftlichen Gründen gezwungen sind, rationellere Verfahren und Techniken in der EDV einzusetzen. Mehr Planung und Überwachung, der Einsatz normierter Organisations- und Programmierungstechniken und die Einführung von Kostenbudgets und Wirtschaftlichkeitsberechnungen werden bald zum Maßnahmenkatalog jeder EDV-Abteilung gehören.

Dem Wandel in der EDV und den Anforderungen, die künftig an die EDV-Mitarbeiter, aber auch an die Geschäftsleitungen und Mitarbeiter in den Fachabteilungen gestellt werden, will diese Buchreihe Rechnung tragen. Sie erstreckt sich auf das Gesamtgebiet der EDV-Technik und wird nur dort eingeschränkt, wo sich die EDV-Aktivitäten auf herstellerbezogene Hardware- und Softwaretechniken beziehen.

Die neue Buchreihe umfaßt folgende Bände:

Band I Grundlagen der EDV
- Hardware, Software, Orgware -

Band II	Einrichtung und Betrieb von EDV-Abteilungen - Strukturorganisation, Personalführung, Auswahl von Hardware und Software, Wirtschaftlichkeitsberechnungen, Gesamtplanung -
Band III	Entwicklung und Einführung von EDV-Systemen - Voruntersuchung, Projektsteuerung, Projektrealisierung, Änderungsdienst -
Band IV	Rechenzentrumsorganisation - Arbeitsplanung und Ablaufvorbereitung, Datenerfassung und Datenverarbeitung, Kontrolle und Abstimmung -
Band V	Überprüfung von EDV-Abteilungen - Revision der Projektumstellung, Revision der Projektabwicklung, Revision projektunabhängiger Bereiche -

Weitere Bände dieser Reihe sind geplant.

März 1975 Horst Futh

Vorwort zu Band IV

Dieser Band bildet mit Band III, Entwicklung und Einführung von EDV-Systemen, eine Einheit. Beide Arbeiten beschäftigen sich mit der Rationalisierung der Arbeitsabläufe innerhalb der EDV-Abteilung. Doch während sich Band III den Aufgaben der Umstellungsarbeiten in EDV-Organisation und Programmierung widmet, erstreckt sich das vorliegende Buch auf die Rationalisierung der Arbeitsabwicklung im Rechenzentrum, im einzelnen

- Arbeitsvorbereitung

  (Termin- und Kapazitätsplanung, Ablaufvorbereitung, Archivierung)

- Datenerfassung

  (Datenerfassung und -prüfung)

- Maschinenraum

  (Datenverarbeitung)

- Arbeitskontrolle

  (Ein- und Ausgabekontrolle).

Alle Abschnitte werden durch schaubildliche Darstellungen, Formularmuster und Beispiele ergänzt. Die DIN A 3-Formulare sind als Falttafeln im Anhang untergebracht, und alle Formulare, die in den Bildern aufgeführt werden, sind mit Großbuchstaben gekennzeichnet. Soweit Formulare aus der Entwicklung und Einführung von EDV-Systemen (Band III) innerhalb der Rechenzentrumsorganisation verwendet werden, sind sie auch in diesem Buch enthalten.

1. Einführung

Das Rechenzentrum ist ein Teilbereich der EDV-Abteilung, in dem die umgestellten Arbeitsgebiete abgewickelt, d.h. die auf Erfassungsbelegen aufgeschriebenen Daten in Datenträger (Lochkarte, Magnetband usw.) übertragen und im Anschluß daran gemäß den Programmen auf der EDV-Anlage verarbeitet werden. Zu den laufenden Originalarbeiten kommen Maschinentests und Sonderarbeiten, wie beispielsweise Wartung, Sonderauswertungen, Aufgaben der Datensicherung u.a. Neben den Durchführungsarbeiten in Datenerfassung und Maschinenraum gehören die Planung und Vorbereitung der Verarbeitungsprozesse sowie die Ein- und Ausgabekontrolle zu den Aufgaben des Rechenzentrums. Ähnlich wie in einem industriellen Produktionsbetrieb sollten die Vorgänge im Rechenzentrum ordnungsgemäß und wirtschaftlich geplant, durchgeführt und kontrolliert werden; hierbei kommt der Arbeitsplanung und -steuerung (ähnlich wie in einem Produktionsbetrieb) eine steigende Bedeutung zu.

Ein rationeller Arbeitsablauf setzt eine klare organisatorische Gliederung mit eindeutiger Verantwortungsabgrenzung und Aufgabenteilung voraus. Neben der EDV-Organisation und Programmierung ist das Rechenzentrum der dritte Bereich in der EDV-Abteilung. Es wird selbst unterteilt in die Stellen Arbeitsvorbereitung, Datenerfassung, Maschinenraum und Arbeitskontrolle. Arbeitsablaufmäßiger Mittelpunkt des Rechenzentrums sind die "Produktionsbetriebe" Datenerfassung und Maschinenraum. Hier werden die Daten zentral erfaßt und geprüft bzw. maschinell verarbeitet. Der Datenerfassung und dem Maschinenraum vorgelagert ist die Arbeitsvorbereitung, der die Termin- und Kapazitätsplanung, die Ablaufvorbereitung und die Archivierung der Datenträger obliegt. Die Arbeitsvorbereitung ist zugleich Kontaktstelle zu den Projektteams EDV-Organisation/Programmierung während der Umstellungsarbeiten. Den Abschluß bildet die Arbeitskontrolle, die die Verantwortung für die terminliche und sachliche Kontrolle der anzuliefernden Eingabedaten (Erfassungsbelege und Datenträger) und der abzuliefernden Ausgabedaten (Formulare, Listen) trägt.

Bild 1 zeigt die Einordnung und Gliederung des Rechenzentrums, in Bild 2 sind die Arbeiten des Rechenzentrums, nach Funktionen untergliedert, dargestellt, und Bild 3 enthält den Arbeitsablauf sowohl im Rechenzentrum als auch hinsichtlich der Kontakte zu den Projektteams und den Fachabteilungen. Für dieses Buch wurde die hierarchische Unterteilung in Bild 1 als Gliederung gewählt.

Soweit die in diesem Buch enthaltenen Formulare aus Band III stammen und sich auf ein bestimmtes Arbeitsgebiet beziehen, sind im Kopf der Formulare entsprechende Zuordnungsmerkmale angebracht. Diese Zuordnungsmerkmale beziehen sich auf:

- <u>die Systemzuordnung</u>
  (zu welchem Sachkomplex gehört das betreffende Arbeitsgebiet, unterteilt nach System, Teilsystem und Untersystem?)

- <u>die Auftragszuordnung</u>
  (aufgrund welchen Auftrags erfolgt eine bestimmte Organisations- oder Programmierungsarbeit, unterteilt nach EDV-Auftrag, Projektauftrag und Arbeitsauftrag?)

- <u>die Projektstufenzuordnung</u>
  (welcher Projektstufe ist eine Tätigkeit oder ein Beleg zuzuordnen, unterteilt nach Problemanalyse, Systementwicklung, Detailorganisation, Programmierung und Systemeinführung?).

FUTH	Einführung Einordnung und Gliederung des Rechenzentrums	Bild 1

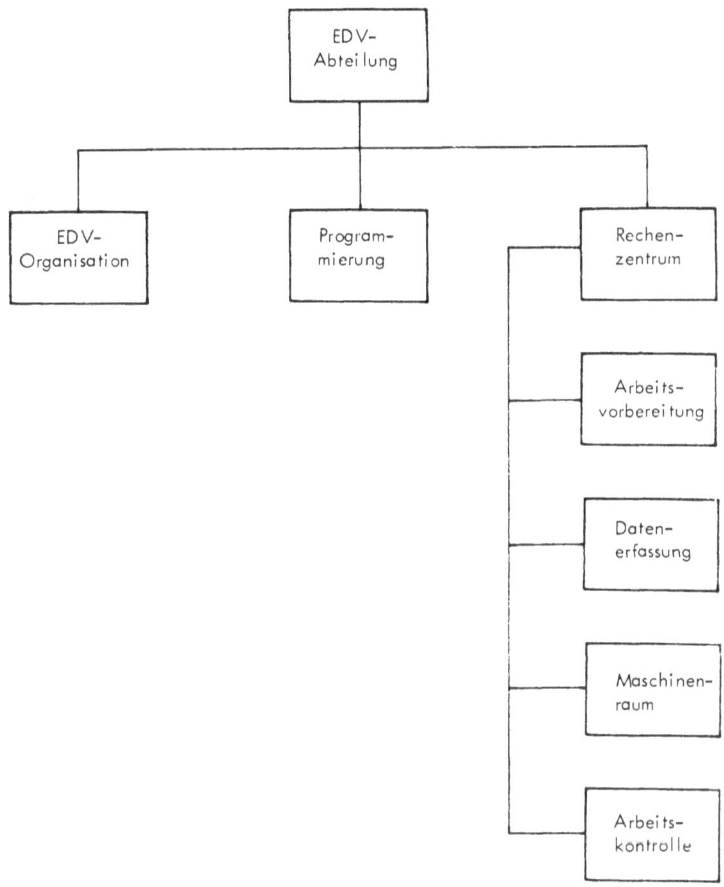

FUTH	Einführung Funktionen des Rechenzentrums	Bild 2

Arbeitsplanung		
Termin- und Kapazitätsplanung	Vorbereitung von Maschinenabläufen	Archivierung und Materialdisposition

Arbeitsdurchführung	
Datenerfassung	Datenverarbeitung

Arbeitskontrolle	
Eingabekontrolle	Ausgabekontrolle

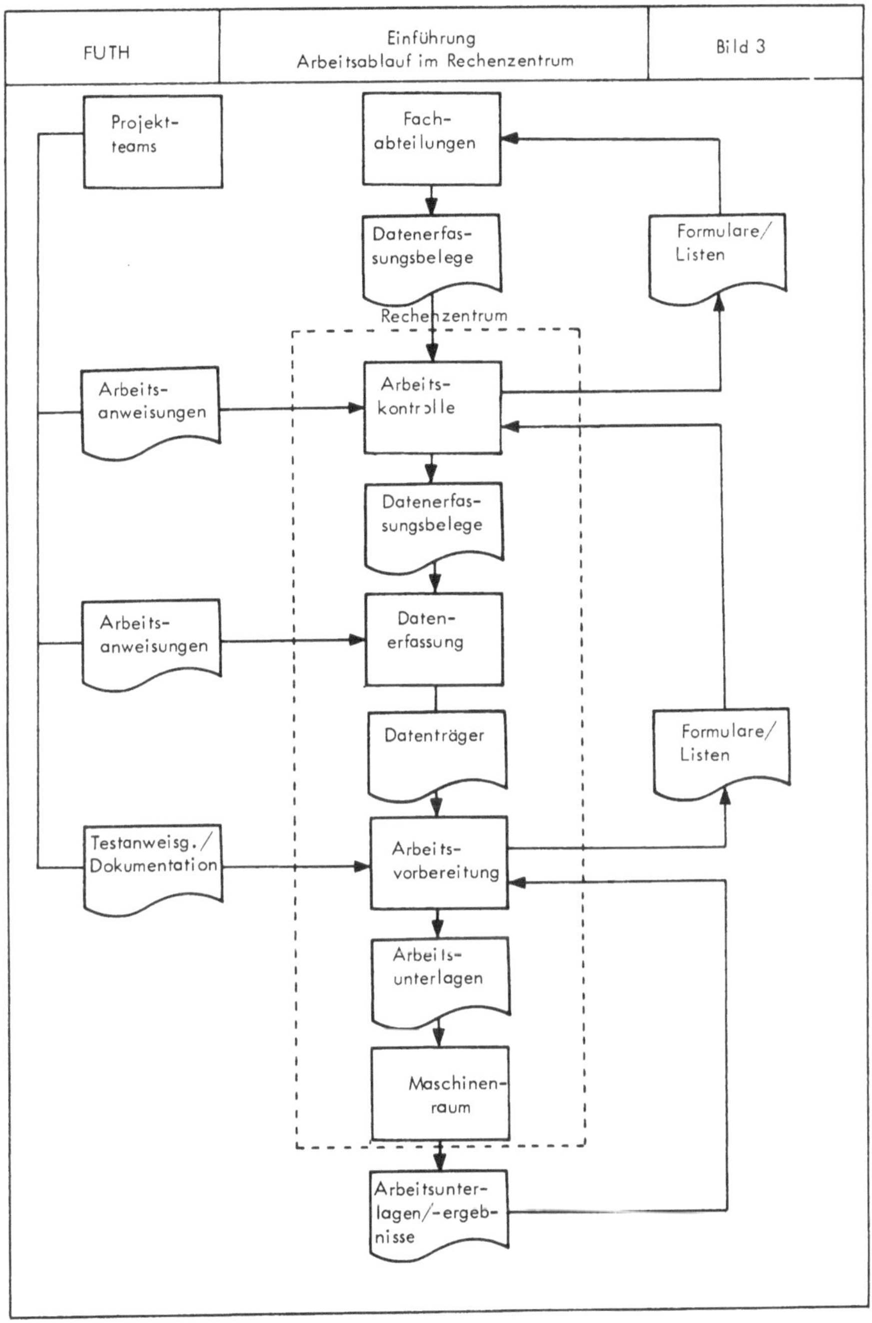
FUTH
Einführung
Arbeitsablauf im Rechenzentrum
Bild 3
Projekt-
teams
Fach-
abteilungen
Datenerfas-
sungsbelege
Formulare/
Listen
Rechenzentrum
Arbeits-
anweisungen
Arbeits-
kontrolle
Datenerfas-
sungsbelege
Arbeits-
anweisungen
Daten-
erfassung
Datenträger
Formulare/
Listen
Testanweisg./
Dokumentation
Arbeits-
vorbereitung
Arbeits-
unterlagen
Maschinen-
raum
Arbeitsunter-
lagen/-ergeb-
nisse

Die nachfolgenden Beispiele sollen die beschriebene Ordnung noch einmal veranschaulichen:

Systemzuordnung

Beispiel:	Systeme	= Rechnungswesen (Unterteilung des Gesamtsystems der Daten- und Informationsverarbeitung eines Unternehmens in Systeme)
	Teilsysteme	= Buchhaltung, Kostenrechnung, Kalkulation (Unterteilung eines Systems - hier Rechnungswesen - in Teilsysteme)
	Untersysteme	= Verkaufsabrechnung, Debitorenbuchhaltung, Kreditorenbuchhaltung, Sachkontenbuchhaltung (Unterteilung eines Teilsystems - hier Buchhaltung - in Untersysteme).

Anmerkung: Die Systemzuordnung kann sich mit der Bereichs- und Abteilungshierarchie eines Unternehmens decken, braucht dies aber nicht zu tun.

Auftragszuordnung

Beispiel:	EDV-Auftrag (an EDV-Abteilung)	= z.B. Umstellung der Verkaufsabrechnung
	Projektauftrag (an Projektteam)	= z.B. Auftrag für die Abwicklung von Problemanalyse und Systementwicklung bei der Umstellung der Verkaufsabrechnung

Arbeitsauftrag (an Projektmitarbeiter)	= z.B. Auftrag für die Abwicklung der Problemanalyse bei der Umstellung der Verkaufsabrechnung.

Beispiel: Auftrags-Nr.:

XXX . X . XX

- XXX → Nr. des EDV-Auftrages (fortlaufend von 001-999)
- X → Nr. des Projektauftrages innerhalb eines EDV-Auftrages
- XX → Nr. des Arbeitsauftrages innerhalb eines Projektauftrages (von 01 bis 99)

Projektstufenzuordnung

Beispiel:		
	Voruntersuchung	- der Projektrealisierung vorgelagert
	Problemanalyse Systementwicklung Detailorganisation Programmierung Systemeinführung	- Projektrealisierung, unterteilt nach Projektstufen
	Änderungsdienst	- der Projektrealisierung nachgelagert

Abschließend sei darauf hingewiesen, daß einzelne Planungs-, Vorbereitungs- und Verwaltungsarbeiten im Rechenzentrum, wie z.B. die Terminplanung, die Datenträgerarchivierung und die Auswertung von Maschinenprotokollen, nicht nur manuell, sondern auch maschinell durch Hilfsprogramme durchgeführt werden können. Im allgemeinen setzt jedoch der wirtschaftliche Einsatz solcher Programme eine entsprechende Größenordnung des Rechenzentrums voraus. Kleinere und mittlere Rechenzentren werden zur Planung, Ablaufvorbereitung und zur Auswertung der Arbeitsprozesse am wirtschaftlichsten arbeiten, wenn sie hierfür manuelle Hilfsmittel einsetzen.

2. Arbeitsvorbereitung

2.1 Arbeitsabläufe der Arbeitsvorbereitung

2.11 Übernahme neuer und geänderter Systeme

Die Aktivitäten der Arbeitsvorbereitung bestehen in diesem Arbeitsbereich zunächst in der Mitarbeit an der Planung neuer Systeme vor Beginn der Umstellungsarbeiten. Bevor ein EDV-Auftrag an die EDV-Abteilung zur Umstellung eines EDV-Systems erteilt wird, werden die Beteiligten, darunter auch das Rechenzentrum, zur Stellungnahme aufgefordert. Hierbei sollte das Rechenzentrum, vertreten durch die Arbeitsvorbereitung, dem Untersuchungsteam schriftlich mitteilen, ob die Stellen Datenerfassung und Maschinenraum die gewünschten Datenerfassungs- und Datenverarbeitungsarbeiten zeitlich und von ihren Kapazitäten her erfüllen können. Dies gilt sowohl für die Übernahme- und Testarbeiten während der Umstellung als auch für die laufenden Datenerfassungs- und Datenverarbeitungsarbeiten nach der Umstellung. Diese Stellungnahme kann in Einzelfällen darauf hinauslaufen, daß beispielsweise Datenerfassungsarbeiten nach Außerhalb des Unternehmens vergeben werden müssen, eine zweite oder dritte Schicht im Maschinenraum eingerichtet oder sogar die Kapazität der EDV-Anlage erweitert werden muß. Die Mitwirkung der Arbeitsvorbereitung an der Planung neuer EDV-Systeme hat zusätzlich den Vorteil, daß sie Arbeitsgebiete bereits vorausschauend und grob einplanen kann.

Die zweite Aufgabe der Arbeitsvorbereitung besteht in der eigentlichen Übernahme und Einplanung neuer EDV-Systeme. Mit Hilfe der vom Projektteam zum Abschluß der Umstellungsarbeiten der Arbeitsvorbereitung zur Verfügung gestellten Dokumentationsunterlagen (Übergabeprotokoll, Datenflußplan,

Dateiaufbauten, Listbilder und Standardmeldungen) können neue Systeme zeitlich und kapazitätsmäßig eingeplant werden. Zu den Übernahmearbeiten gehört weiter, daß für jedes umgestellte Arbeitsgebiet eine Arbeitsmappe erstellt wird. Zu den Unterlagen dieser Arbeitsmappe gehören das Deckblatt Arbeitsvorbereitungs-Dokumentation, der Programmfolgeplan, der RZ-Terminplan, die Job-/Step-Beschreibungen und die Datenerfassungsbelege für die Job-Steuerkarten. Außerdem werden die entsprechenden Karten für die Dateiverwaltung und die Materialdisposition angelegt. Die Übernahmearbeiten schließen mit der Erstellung der Arbeitsanweisung und der Weitergabe der RZ-Terminpläne an die Stellen Datenerfassung und Arbeitskontrolle.

Programmänderungen nach der Umstellung werden der Arbeitsvorbereitung durch das Formular Freigabe Programmänderungen angezeigt, woraufhin die Arbeitsunterlagen entsprechend geändert werden müssen.

Bild 4 zeigt eine Übersicht über die Aktivitäten bei der Übernahme neuer und geänderter Systeme.

2.12 Planung, Vorbereitung und Archivierung umgesteller Systeme

Diese Aktivitäten machen zwangsläufig den Hauptteil der täglichen Arbeiten in der Arbeitsvorbereitung aus. Sie gliedern sich in drei Gruppen, und zwar in die

- Termin- und Kapazitätsplanung
- Vorbereitung von Maschinenabläufen und
- Archivierung und Materialdisposition.

Ausgang der Termin- und Kapazitätsplanung sind die in der Arbeitsmappe enthaltenen Unterlagen RZ-Terminplan (Terminplanung je Arbeitsgebiet) und Job-/Step-Beschreibung (für die Kapazitätsplanung). Neue Arbeitsgebiete werden aufgrund dieser Unterlagen in den bestehenden RZ-Arbeitsplan eingefügt, der alle sich wiederholenden Arbeitsgebiete mit

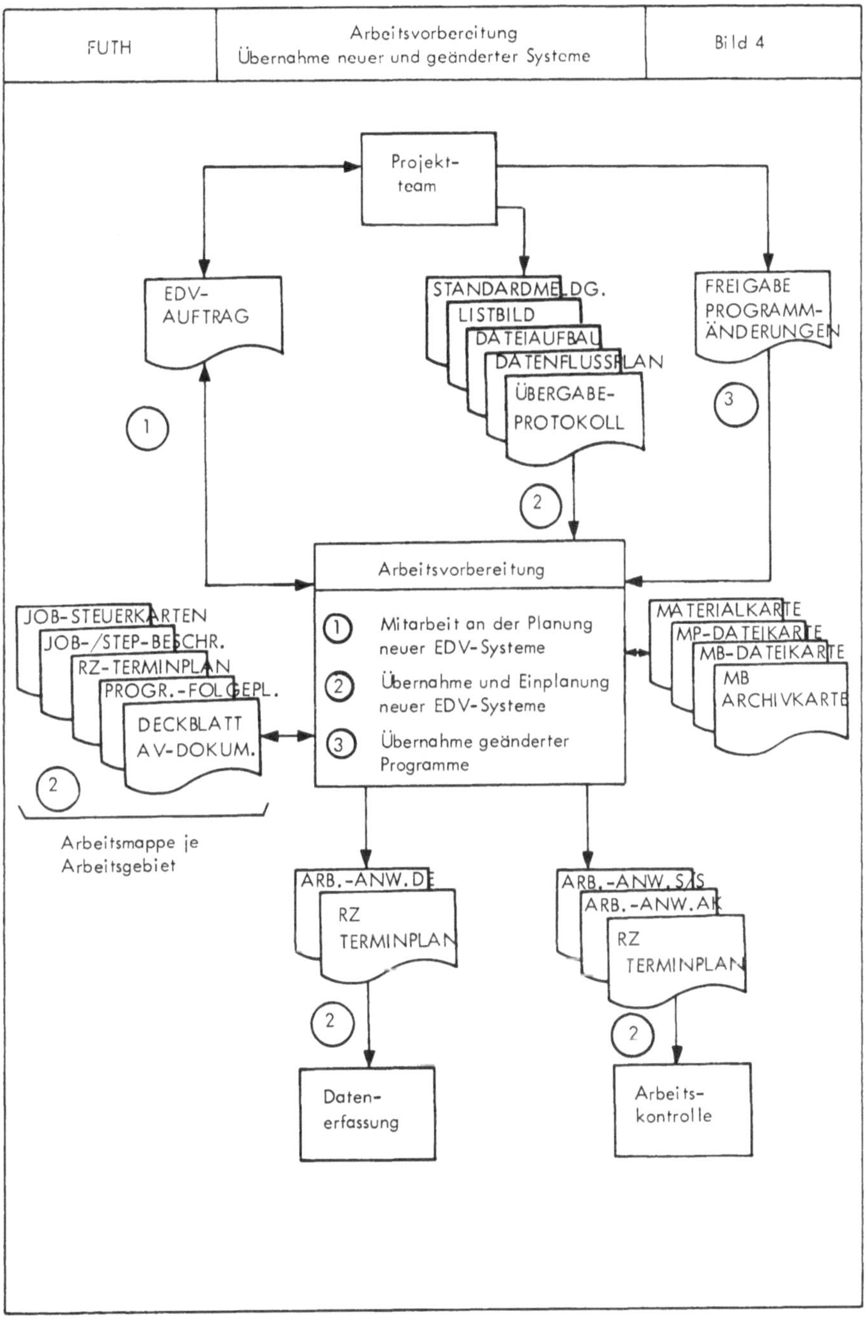
FUTH
Arbeitsvorbereitung
Übernahme neuer und geänderter Systeme
Bild 4
Projekt-
team
EDV-
AUFTRAG
STANDARDMELDG.
LISTBILD
DATEIAUFBAU
DATENFLUSSPLAN
ÜBERGABE-
PROTOKOLL
FREIGABE
PROGRAMM-
ÄNDERUNGEN
1
2
3
Arbeitsvorbereitung
1 Mitarbeit an der Planung neuer EDV-Systeme
2 Übernahme und Einplanung neuer EDV-Systeme
3 Übernahme geänderter Programme
JOB-STEUERKARTEN
JOB-/STEP-BESCHR.
RZ-TERMINPLAN
PROGR.-FOLGEPL.
DECKBLATT
AV-DOKUM.
2
Arbeitsmappe je
Arbeitsgebiet
MATERIALKARTE
MP-DATEIKARTE
MB-DATEIKARTE
MB
ARCHIVKARTE
ARB.-ANW.DE
RZ
TERMINPLAN
ARB.-ANW.S/S
ARB.-ANW.AK
RZ
TERMINPLAN
2
2
Daten-
erfassung
Arbeits-
kontrolle

Angabe der Laufperiode enthält. Aus dem übersichtlichen und alle Arbeitsgebiete umfassenden RZ-Arbeitsplan entsteht der Maschinenplan je Kalenderwoche und die Maschinenbelegung je Arbeitstag oder Arbeitsschicht. Für die Wochenplanung, auf jeden Fall aber für die tages- oder schichtbezogene Maschinenbelegung muß die zusätzliche Maschinenzeitanforderung für sporadische Auswertungen sowie für Testbedarf berücksichtigt werden.

Aus der Maschinenbelegung wird die Vorbereitung für die Arbeit im Maschinenraum abgeleitet. Die erforderlichen Arbeitsunterlagen entnimmt der Arbeitsvorbereiter der angelegten Arbeitsmappe, während er die Datenträger von der Datenerfassung und die Testdaten mit Testanweisung von den Projektteams erhält. Er stellt die Arbeitsunterlagen und Arbeitshilfsmittel für die Abwicklung zusammen und gibt sie rechtzeitig an den Maschinenraum. Nach der Durchführung der Arbeiten gehen die Unterlagen einschließlich der gewonnenen Formulare und Listen bzw. Testergebnisse an die Arbeitsvorbereitung zurück.

Die letzte Aufgabengruppe bezieht sich auf die Archivierung und Materialdisposition. Hierzu gehört die Eintragung der Dateibewegungen in die Magnetband- und Magnetplattenkartei, die Verwaltung und Disposition des benötigten Materials sowie die Archivierung der Dokumentation einschl. der Dokumentationsänderungen.

Bild 5 zeigt eine Übersicht über die Aktivitäten bei der Planung, Vorbereitung und Archivierung umgestellter Systeme.

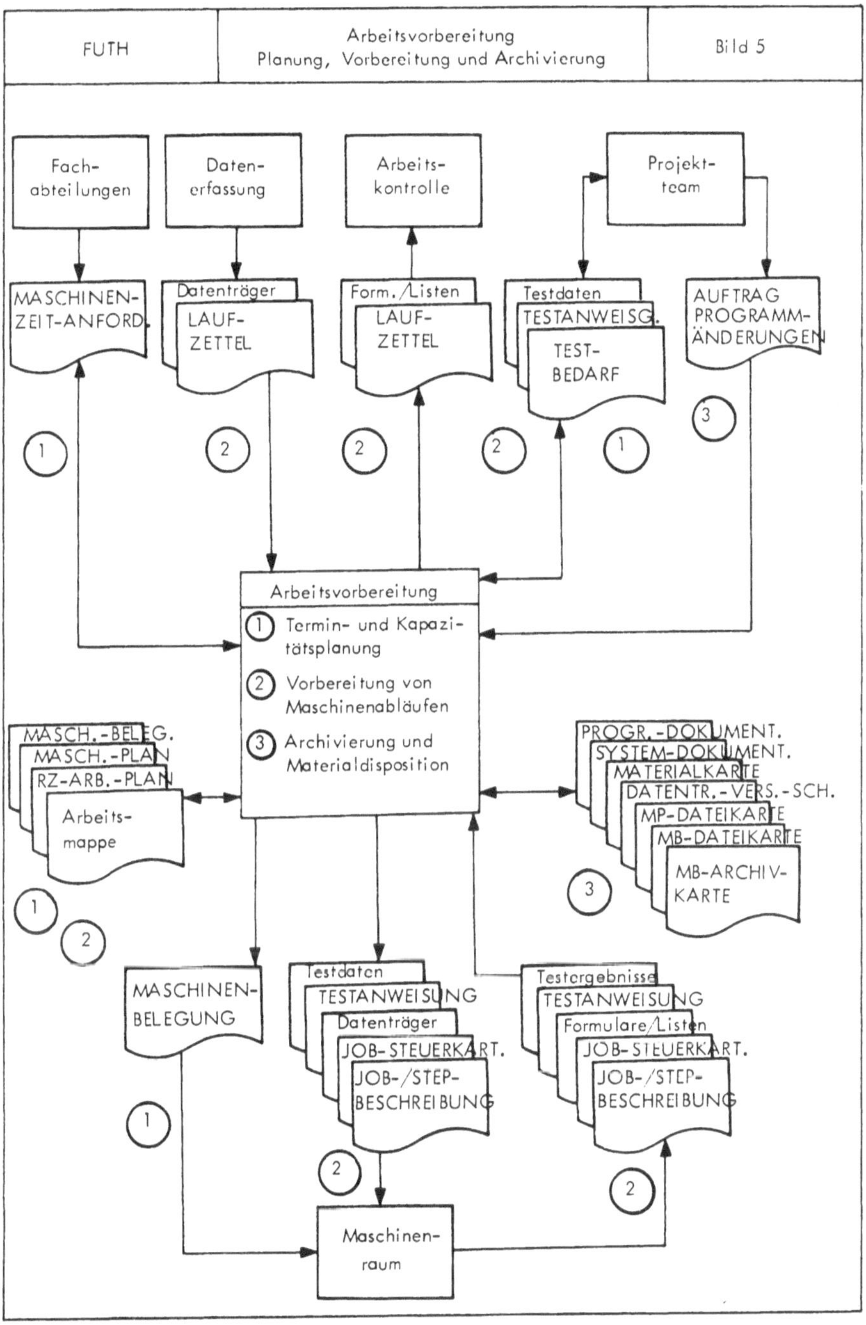

FUTH
Arbeitsvorbereitung
Planung, Vorbereitung und Archivierung
Bild 5
Fach-abteilungen
Daten-erfassung
Arbeits-kontrolle
Projekt-team
MASCHINEN-ZEIT-ANFORD.
Datenträger
LAUF-ZETTEL
Form./Listen
LAUF-ZETTEL
Testdaten
TESTANWEISG.
TEST-BEDARF
AUFTRAG PROGRAMM-ÄNDERUNGEN
1
2
2
2
1
3
Arbeitsvorbereitung
1 Termin- und Kapazitätsplanung
2 Vorbereitung von Maschinenabläufen
3 Archivierung und Materialdisposition
MASCH.-BELEG.
MASCH.-PLAN
RZ-ARB.-PLAN
Arbeits-mappe
1
2
PROGR.-DOKUMENT.
SYSTEM-DOKUMENT.
MATERIALKARTE
DATENTR.-VERS.-SCH.
MP-DATEIKARTE
MB-DATEIKARTE
MB-ARCHIV-KARTE
3
MASCHINEN-BELEGUNG
1
Testdaten
TESTANWEISUNG
Datenträger
JOB-STEUERKART.
JOB-/STEP-BESCHREIBUNG
2
Testergebnisse
TESTANWEISUNG
Formulare/Listen
JOB-STEUERKART.
JOB-/STEP-BESCHREIBUNG
2
Maschinen-raum

2.2 Aufgaben und Hilfsmittel der Arbeitsvorbereitung

2.21 Mitarbeit an der Planung neuer EDV-Systeme

Bevor ein Arbeitsgebiet, hier als EDV-System oder System bezeichnet, auf die EDV umgestellt wird, werden in einer Voruntersuchung die Merkmale des gegenwärtigen Verfahrens einer geplanten EDV-Konzeption gegenübergestellt. Das Untersuchungsergebnis wird durch die Ermittlung von erwarteten Einsparungen sowie von geschätztem Umstellungs- und laufenden Aufwand nach der Umstellung ergänzt.

Da sowohl die Umstellungsarbeiten (Übernahme- und Testarbeiten) als auch die späteren Originalmaschinenläufe das Rechenzentrum zeit- und kapazitätsbezogen belasten, ist es unumgänglich, daß eine Stellungnahme des Rechenzentrums, vertreten durch die Arbeitsvorbereitung, eingeholt wird. Als Hilfsmittel hierzu dient der EDV-Auftrag (Formular IV/01), auf dem das Ergebnis der Voruntersuchung dokumentiert wird. Zur Dokumentation des Ergebnisses kommen die Stellungnahmen der betroffenen Abteilungen, die Entscheidung über Freigabe oder Ablehnung des Projekts und, im Falle der positiven Entscheidung, die Auftragserteilung an die EDV-Abteilung zur Projektrealisierung. Das Formular enthält auf der ersten Seite einen ersten Vorschlag für einen Lösungsweg, auf der zweiten Seite die durch die Umstellung erwarteten Einsparungen in den betroffenen Fachabteilungen und in der EDV-Abteilung und auf der dritten Seite den einmaligen Umstellungsaufwand, unterteilt nach Aufwand in den Fachabteilungen, in der Organisation und Programmierung und im Rechenzentrum. Die vierte Seite nimmt den geschätzten laufenden Aufwand nach der Umstellung auf, unterteilt nach Fachabteilungen und Rechenzentrum, während auf der fünften Seite die geschätzten Einsparungen den erwarteten Kosten einschließlich der Vor- und Nachteile gegenübergestellt werden.

Es folgt die Stellungnahme des Umstellungsteams, bevor auf der letzten Seite die Empfehlungen der betroffenen Fachabteilungen und der EDV-Abteilung neben den Daten des Entscheidungsprozesses und der Auftragserteilung dokumentiert werden.

FUTH	EDV-AUFTRAG	erstellt am: 27.3.75 erstellt durch: [illegible]	01
System	Teilsystem	Untersystem	
Rechnungswesen	Buchhaltung	Verkaufsabrechnung	
Auftrags-Nr.	Auftragsbezeichnung	Projektstufe	
074.0.00	EDV-Analyse	Voruntersuchung	

Vorgeschlagene Lösung

1. Die täglich ca. 500-600 eingehenden Kundenaufträge (telefonisch und brieflich) werden erfaßt, geprüft, ergänzt und auf Erfassungsbelege übertragen.
2. Die Kundenaufträge werden in der Zentralen Datenerfassung von den Erfassungsbelegen auf Magnetbänder übertragen.
3. Aufgrund einer maschinellen Verfügbarkeitsrechnung (alle Lagerbestände und -bewegungen sind ebenfalls gespeichert) werden von der EDV-Anlage täglich Auftragsbestätigungen und Lieferscheine gedruckt.
4. Nach dem Versand der Ware kommt eine Lieferscheinkopie an das Rechenzentrum zurück, wird erfaßt und in die EDV-Anlage eingegeben.
5. Aufgrund der Lieferung erfolgt die tägliche EDV-Fakturierung mit gleichzeitiger Bereitstellung der Datensätze für die Debitorenbuchhaltung.
6. Monatlich und vierteljährlich werden Kunden- und Vertreterstatistik sowie Abnehmergruppen- und Provisionsstatistik maschinell gewonnen.

Formular IV/01 (1)

Erwartete Einsparungen

Einsparungen in den Fachabteilungen

Art	Anzahl	Beschreibung	Kostensatz	DM/Monat
Personal	2	Sachbearbeiter	3.000,-	6.000,-
	8	Hilfskräfte	2.000,-	16.000,-
Maschinen	3	Fakturiermaschinen	1.500,-	4.500,-
Material		Formulare und Karteien		1.500,-
Sonstige		Raumkosten		1.500,-
Gesamt				29.500,-
Einmalige Einsparungen:				./.

Einsparungen in der EDV-Abteilung

Art	Anzahl	Beschreibung	Kostensatz	DM/Monat
Datenerfassung		keine Einsparungen, da Erstumstellung		
EDV-Anlage				
Randmaschinen				
Material				
Sonstige				
Gesamt				./.
Einmalige Einsparungen:				./.

Geschätzter Umstellungsaufwand	erstellt am: 27.3.75	02
	erstellt durch: [illegible]	

in den Fachabteilungen

Projektstufe	Termine Anfang	Termine Ende	Anzahl Mitarbeiter	Anzahl Mannmonate	Kostensatz je Mannmonat	Kosten
EDV-Analyse	26.2.	27.3.75	2	2,0	3.000,-	6.000,-
Problemanalyse	6/75	8/75	2	2,5	3.000,-	7.500,-
Systementwicklung	8/75	10/75	2	1,5	3.000,-	4.500,-
Detailorganisation	11/75	12/75	2	0,5	3.000,-	1.500,-
Programmierung	1/76	4/76	—	—	—	—
Systemeinführung	5/76	6/76	6	3,0	2.500,-	7.500,-
Soll gesamt	6/76		6	9,5		27.000,-
Ist gesamt						
Abweichung						

in der Organisation und Programmierung

Projektstufe	Termine Anfang	Termine Ende	Anzahl Mitarbeiter	Anzahl Mannmonate	Kostensatz je Mannmonat	Kosten
EDV-Analyse	26.2.	27.3.75	2	2,0	5.000,-	10.000,-
Problemanalyse	6/75	8/75	2	5,0	5.000,-	25.000,-
Systementwicklung	8/75	10/75	2	5,0	5.000,-	25.000,-
Detailorganisation	11/75	12/75	3	6,0	5.000,-	30.000,-
Programmierung	1/76	4/76	4	15,0	4.000,-	60.000,-
Systemeinführung	5/76	6/76	7	7,0	4.500,-	31.500,-
Soll gesamt	6/76		7	40,0		181.500,-
Ist gesamt						
Abweichung						

im Rechenzentrum

Arbeiten	Termine Anfang	Termine Ende	Datenerfassung Std.	Datenerfassung Satz/Std. 20,- DM	EDV-Anlage Std.	EDV-Anlage Satz/Std. 300,- DM	Kosten
Tests	3/76	5/76	175	3.500,-	190	57.000,-	60.500,-
Übernahme	1/76	3/76	85	1.700,-	40	12.000,-	13.700,-
Soll gesamt	3/76		260	5.200,-	230	69.000,-	74.200,-
Ist gesamt							
Abweichung							

Formular IV/01 (2)

Geschätzter laufender Aufwand

in den Fachabteilungen

Art	Mitarbeiter Anz.	Mitarbeiter Std./Monat	Stundensatz	Kosten je Monat
Datenerfassung	2	40	15,-	600,-
Stammdatenpflege	1	8	15,-	120,-
Auswertungen	3	27	15,-	405,-
Sonstige EDV-Arbeiten				./.
Summe	6	75		1.125,-
Material	Datenerfassungsbelege			500,-
Sonstige				./.
Gesamtsumme				1.625,-

im Rechenzentrum

Art	Stunden	Periode	Stunden/ Monat	Stundensatz	Kosten je Monat
Datenerfassung	1	t	20	20,-	400,-
EDV-Anlage	1,5	t	30	300,-	9.000,-
	4,0	m	4	300,-	1.200,-
	3,0	v	1	300,-	300,-
Randmaschinen					./.
Material	Auftragsbestätigungen				500,-
	Lieferscheine				800,-
	Rechnungen				700,-
Gesamtsumme					12.900,-

Ergebnis der EDV-Analyse					erstellt am: 27.3.75			03
					erstellt durch: Gaumann			
Kosten / Einsparungen								
Abteilung	zus. Kosten TDM		Einsparungen TDM		Einsparng. ./. zus. Kosten TDM			
	einmalig	monatlich	einmalig	monatlich	in 3 Jahr.	in 5 Jahr.	in Jahr.	
Fachabteilungen	27,0	1,625	—	29,5	976,55	1.645,50		
EDV-Abteilung								
Org./Programmierung	181,5	—	—	—	-181,50	-181,50		
Rechenzentrum	74,2	12,900	—	—	-538,60	-848,20		
Sonstige	—	—	—	—	—	—		
Gesamt	282,7	14,525	—	29,5	256,45	615,80		

Vor- und Nachteile

in den Fachabteilungen

Der Arbeitsablauf wird personalunabhängiger, die Abwicklung wird beschleunigt und es liegen schnellere und aktuelle Verkaufsinformationen vor

in der EDV-Abteilung

keine, da Erstumstellung

Stellungnahmen

1. Umstellungstermin: 1.7.1976
2. Mitwirkung der Fachabteilungen: sichergestellt
3. Aufwand nach der Umstellung in den Fachabt.: durch entspr. Ausbildung i.O.
4. Aufwand nach der Umstellung im Rechenzentrum: keine Schwierigkeiten
5. Berücksichtigung benachbarter Fachabteilungen: Buchhaltung und Lager
6. Andere Rationalisierungsmöglichkeiten: nein
7. Sonstige Stellungnahmen: keine

Datum: 27.3.75 Projektleiter: Gaumann

Formular IV/01 (3)

Empfehlungen

Fachabteilungen

Abteilung	Empfehlung	Datum	Unterschrift
Buchhaltung	Positive Empfehlung wegen wachsenden Datenvolumens bei großen Personalschwierigkeiten	2.4.75	Kramer

EDV-Abteilung

Stelle	Empfehlung	Datum	Unterschrift
Org./Progr.	Umstellung möglich	3.4.75	Gruner
Rechenzentrum	Kapazitäten ausreichend	4.4.75	Reimer

Entscheidung

Abteilung	Bemerkungen	Datum	Unterschrift
Buchhaltung	Der EDV-Ausschuß, vertreten durch diese drei Abteilungen entscheidet, daß das Projekt Auftragsbearbeitung in der beantragten Form realisiert werden soll	30.4.75	Kramer
Betriebsorg.		30.4.75	Handtke
EDV-Abt.		30.4.75	Fritzsche

Auftragserteilung

EDV-Auftrag erteilt am: 30.4.75

Fertigstellung: 30.6.1976

Priorität: 2

Berichtszeitraum: monatlich

Datum: 30.4.75

Unterschrift: Handtke

2.22 Übernahme und Einplanung neuer EDV-Systeme

Nach Beendigung der Umstellungsarbeiten und vor Anlaufen des umgestellten Systems müssen, neben den Mitarbeitern der betroffenen Fachabteilungen, auch die Fachkräfte des Rechenzentrums mit dem neuen System vertraut gemacht werden. Dies geschieht durch Übergabe der Dokumentationsunterlagen und eine Einführungsschulung, an der neben den Mitarbeitern des Projektteams, das die Umstellung durchgeführt hat, die Mitarbeiter der Arbeitsvorbereitung teilnehmen.

Die Dokumentationsunterlagen, die die Arbeitsvorbereitung vom Projektteam erhält, umfassen

- das Übergabeprotokoll
  (Formular IV/02)

- den Fein-Datenflußplan
  (Formular IV/03)

- den Dateiaufbau je Datei
  (Formular IV/04)

- das Listbild je Liste oder Formular
  (Formular IV/05), als Faltplan im Anhang untergebracht

- die Standardmeldungen
  (für standardisierte Programmeldungen)
  (Formular IV/06)
- die umgewandelten Maschinenprogramme.

Die Einplanung neuer EDV-Systeme erfolgt in folgenden Schritten:

- Anlegen einer AV-Arbeitsmappe

- Ausfüllen und Verteilen der Arbeitsanweisungen für Datenerfassung und Arbeitskontrolle

FUTH	ÜBERGABEPROTOKOLL	erstellt am: 15.6.76 erstellt durch: Graumann
System	Teilsystem	Untersystem
Rechnungswesen	Buchhaltung	Verkaufsabrechnung
Auftrags-Nr.	Auftragsbezeichnung	Projektstufe
074.1.09	Übergabe	Systemeinführung

Übergabe am: 19.6.76	Freigabe am: 24.6.76
Übergabe durch: Graumann, Projektleiter	Freigabe durch: Werner, RZ-Leiter
Übergabe an: Hermann, AV	Einsatz ab: 1.7.76

Bereitgestellte Mittel

Name	Bezeichnung	Bemerkungen
VAB01T	Sort.	Standard-Progr. mit Änderungen
VAB02T	Prüfprogramm	—
VAB03T	Mischprogramm	Standard-Progr. mit Änderungen
		(Auszug)

Formular IV/02

FUTH	DATENFLUSSPLAN (grob)	erstellt am: 3.10.75 erstellt durch: Schmidt	1/2
System	Teilsystem	Untersystem	
Rechnungswesen	Buchhaltung	Verkaufsabrechnung	
Auftrags-Nr.	Auftragsbezeichnung	Projektstufe	
074.1.03	Durchführen Systementwicklung	Systementwicklung	

Datenfluß	Erläuterungen
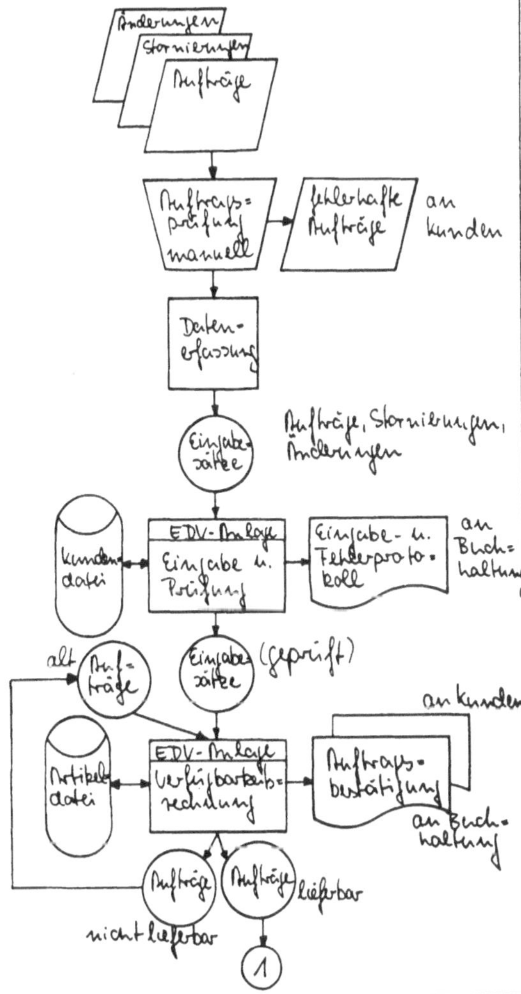	Prüfung der Aufträge auf Vollständigkeit und Ergänzung; Rückweisung unvollständiger Aufträge. Erfassen der Aufträge auf Magnetband. Eingabe und Prüfung der Aufträge. Maschinelle Verfügbarkeitsrechnung; Auftragsbestätigungen über lieferbare Aufträge.

Formular IV/03

FUTH	DATEIAUFBAU	erstellt am: 2.12.75 erstellt durch: York
System	Teilsystem	Untersystem
Rechnungswesen	Buchhaltung	Verkaufsabrechnung
Auftrags-Nr.	Auftragsbezeichnung	Projektstufe
074.1.06	Durchführen Detailorganisation	Detailorganisation

Dateiname: KUDAT
Dateibezeichnung: Kundendatei
Dateifunktion: Stammdatei
Archiv-Nr.: PL 1412

Datenträger: Magnetplatte
Dateiumfang: 3.800 - 4.000
Speicherungsform: index-sequentiell
Sortierbegriff: Kunden-Nr.

Dateiverwendung in anderen Systemen: Debitorenbuchhaltung

Dateiaufbau

Blockung

Block.-Faktor	Blocklänge	Blockformat

Plattenbereiche

Index	Daten	Überlauf
Zyl. 50	Zyl. 51-80	Zyl. 81

Dateisicherung

Kennsatz: Standard
Aufbewahrungsfrist: normal
Anzahl Generationen: Duplikat
Reorganisation: halbjährlich
Update-Dateien: 2 x wöchentlich

Verkettung zu anderen Dateien: nein

Dateiverwendung	Verarbeitungsform	Sortierfolge
VAB 02T	index-sequentiell	
VAB 08T	"	1. Kunden-Nr.
VAB 12M	"	2.
VAB 14M	"	3.
		4.
		5.

Enthaltene Satzarten

Satz-art	Name	Bezeichnung	Länge	Anzahl	Bemerkungen
01	KUSTA	Kundenstammsatz	156	4.000	

Formular IV/04

FUTH	STANDARDMELDUNGEN	erstellt am: 5.6.76 erstellt durch: Hartwig
System	Teilsystem	Untersystem
Rechnungswesen	Buchhaltung	Verkaufsabrechnung
Auftrags-Nr.	Auftragsbezeichnung	Projektstufe
074.1.09	Dokumentation Prüfprogramm	Systemeinführung

Programm-Name: VABO2T
Programm-Bezeichnung: Prüfprogramm
Programmierer: Hartwig

Programmsprache: Cobol

I Information (keine Antwort)
F Fehler (Nachricht an Programmierer oder Sachbearbeiter)
A Antwort wird erwartet

Lfd. Nr.	Schlüssel	Nachricht	Antwort	Ausgabegerät	Maßnahmen
01	F	SORTIERFEHLER VABEIN02	—	Drucker	Unterlagen an AV zurück
02	F	SORTIERFEHLER KUDAT	—	Drucker	Unterlagen an AV zurück
03	A	TAGESDATUM EINGEBEN	TTMMJJ	Konsole	—

Formular IV/06

- Einfügen des umgestellten Arbeitsgebietes in die Termin- und Kapazitätsplanung und

- Anlegen neuer Datei- und Materialkarten (je Datei bzw. je Beleg).

Die Arbeitsanweisungen werden für die Erfassung und Prüfung der Daten je Datenträger (Lochkarte, Lochstreifen usw.) bzw. Datensatz (Magnetband) sowie für die Arbeiten in der Arbeitskontrolle, Ein-/Ausgabekontrolle und Separieren/Schneiden, erstellt. Wir werden die Formulare dortselbst beschreiben und darstellen. Welche Aufgaben mit der Termin- und Kapazitätsplanung verbunden sind und wie die Datei- und Materialkarten aussehen, werden wir ebenfalls in den folgenden Abschnitten erläutern.

Die Arbeitsvorbereitung selbst benötigt je umgestelltes Arbeitsgebiet eine eigene Dokumentation. Zu diesen Dokumentationsunterlagen gehören:

- die AV-Dokumentation (in der Arbeitsmappe)
- die Job-Steuerkarten (in Lochkartenschränken)
- die Maschinenprogramme (auf Magnetbändern oder Magnetplatten)
- die Dateikarten (für Magnetband- und Magnetplattendateien) und
- die Materialkarten (für Verbrauchsmaterial).

Die AV-Dokumentation, in Arbeitsmappen je Arbeitsgebiet aufbewahrt, bildet die eigentliche Grundlage für die Planung und Steuerung im Rechenzentrum. Zusätzlich zur eigentlichen AV-Dokumentation enthalten die Arbeitsmappen die der Arbeitsvorbereitung von den Projektteams überreichten Dokumentationsunterlagen. Im einzelnen setzt sich der Inhalt einer Arbeitsmappe wie folgt zusammen:

- Deckblatt AV-Dokumentation (Formular IV/07)

- Programmfolgeplan
  (Formular IV/08)

- RZ-Terminplan
  (Formular IV/09)

- Job-/Step-Beschreibung, je Job
  (Formular IV/10)

- Datenerfassungsbeleg Job-Steuerkarten, je Job
  (Formular IV/11) und

- im Anhang: Dokumentationsunterlagen
  (Formulare IV/02 - IV/06).

Bei der Gewinnung der Arbeitsunterlagen geht der Arbeitsvorbereiter so vor, daß er zunächst die der Arbeitsvorbereitung übergebene Dokumentation auf ihre Vollständigkeit und formelle Richtigkeit überprüft. Formelle Richtigkeit bedeutet beispielsweise, daß die Programme die festgelegte Größe nicht überschreiten, die Programm- und Dateinamen den Vorschriften entsprechen oder die Programme, Dateien und Belege richtige Namen tragen. Darüber hinaus prüft er, ob einzelne Unterprogramme oder in dem Arbeitsgebiet benutzte Dateien bereits in der vorhandenen Programm- und Dateibibliothek enthalten sind. Dies ist im allgemeinen dann der Fall, wenn es sich um Standard-Unterprogramme (Sortier- und Mischprogramme, Prüfziffernprogramme u.a.) und um Dateien handelt, die bereits in anderen Programmen verwendet werden.

Im nächsten Schritt bei der Einplanung neuer Arbeitsgebiete werden die Programme zu sogenannten Jobs zusammengestellt. Unter dem englischen Begriff "Job" versteht man eine logische Programmfolge. Da für die EDV-Abwicklung eines Arbeitsgebietes in der Regel eine Reihe von Programmen benötigt werden, lassen sich die Programme je Arbeitsgebiet zu mehreren Jobs zusammenfassen. Auf der EDV-Anlage laufen die Jobs dann geschlossen ab, wodurch die Rüst-, aber auch

FUTH	DECKBLATT AV-DOKUMENTATION	erstellt am: 3.7.75 erstellt durch: Meyer
Arbeitsgebiet: Debitorenbuchhaltung Fachabteilung: Buchhaltung Kostenstelle: 4/13	Maschinensystem: Betriebssystem: Projektleiter: Werner Termine: wöchentlich	

Programm	BMA03010	BMA03020	BMA03030			
Ksp.-Bedarf	6 KB	22 KB	12 KB			
Eingaben	Lochkarten KA06					
Dateien	DEBKONT		DRUMAHN1			
			DRUMAHN2			
	SYSUR	SYSUR	SYSUR			
	KUSTAM	KUSTAM	KUSTAM			
	DEBSTAT	DEBSTAT				
Ausgaben	Eingabe- u. Fehlerprot.		Mahnungen FORM 086			

Formular IV/07

FUTH	RZ-TERMINPLAN	erstellt am: 4.12.74
		erstellt durch: [illegible]

Fachabteilung	Tätigkeit/Belegfluß	Rechen-zentrum	Datum für Abrechnungsmonat Jan.	Febr.	März	April	Mai	Juni	Juli	Aug.	Sept.	Okt.	Nov.	Dez.
	Lohnbuchhaltung													
Fertig.	Ausstellen letzte Lohnzettel		17.	18.	18.	16.								
"	Weiterleitung an PA		17.	18.	18.	16.								
Pers.-Abt.	Prüfen letzte Lohnzettel		20.	19.	19.	17.								
"	Stammdatenänderungen		20.	19.	19.	17.								
"	Weitergabe an Arb.-Kontr.		21.	20.	20.	18.								
	Prüfen letzte Lohndaten	AK	21.	20.	20.	18.								
	Weitergabe an DE	"	21.	20.	20.	18.								
	Lochen/Prüfen letzte Belege	DE	22./23.	21./24.	21./24.	19./20.								
	Weitergabe an AV	"	24.	25.	25.	21.								
	Job-Vorbereitungen	AV	24.	25.	25.	21.								
	Job-Abwicklungen	MR	25.	26.	26.	22.								
	Ausgangskontrolle	AK	25.	26.	26.	22.								
	Weitergabe an PA	"	25.	26.	26.	22.								
Pers.-Abt.	Eingang Lohnabrechnung		25.	26.	26.	22.								

Formular IV/09

Fachabteilung	Tätigkeit/Belegfluß	Rechen-zentrum	Datum für Abrechnungsmonat											
			Jan.	Febr.	März	April	Mai	Juni	Juli	Aug.	Sept.	Okt.	Nov.	Dez.

FUTH	JOB-/STEP- BESCHREIBUNG	erstellt am: 3.7.75 erstellt durch: Meyer

Arbeitsgebiet: Debitorenbuchhaltung	Maschinensystem:
Fachabteilung: Buchhaltung	Betriebssystem:
Kostenstelle: 4/13	Periode: wöchentlich
Job-Name: BMA 03	Laufzeit in Min.: ca. 90 Min.
Job-Bezeichnung: Mahnungen	Läuft vor Job: BMA 04
	Läuft nach Job: BMA 06

	Programm	BMA 03010	BMA 03020	BMA 03030			
	Ksp.-Bedarf	6 KB	22 KB	12 KB			
	Ksp.-intensiv		X				
	E/A-intensiv	E		A			
	Wiederanlauf bei Abbr.						
Periphere Geräte	Syst.-Platte	X	X	X			
	Platte 2	X	X	X			
	Platte 3	X	X				
	Platte 4		X				
	Platte 5						
	Platte 6						
	Band 1	X		X			
	Band 2	X		X			
	Band 3						
	Band 4						
	Band 5						
	Band 6						
	Leser	X					
	Drucker 1	X		X			
	Drucker 2						
	Stanzer						

Formular IV/10

Lochkarten/Lochstreifen

Gerätename	Kartenart/Satzart	Bezeichnung	LK E	LK A	LS E	LS A	Programme
	KA 06	Stornierungen	X				BMA 03010

Drucker

Gerätename	Beleg-Nr.	Bezeichnung	n-fach	Vorschub	Einstellg	Programme
		Blanko	1	2	norm	BMA 03010
	FORM 086	Mahnungen	3	Stand	norm	BMA 03030

Magnetbänder

Gerätename	Dateiname	E	A	U	Anzahl Rollen	Sperrfrist	Programme
	DEBKONT	X			2	3 Gen.	BMA 03010
	DEBKONT		X		2	"	"
	DRUMAHN1		X		1	30 Tg.	BMA 03030
	DRUMAHN2		X		1	"	"

Magnetplatten

Gerätename	Dateiname	E	A	U	Archiv-Nr.	Zylinder von	Zylinder bis	Speicherform	Programme
	SYSWR	X			MP0012				alle
	KUSTAM			X	MP0025	001	030	IS	alle
	DEBSTAT			X	MP0025	035	050	IS	BMA 03010
									BMA 03020
	MAHNSTAT			X	MP0026	001	010	IS	BMA 03020

Meldungen

Meldung	Bedeutung	Maßnahme
VORLAUFKARTE FEHLT		vorlegen u. starten

FUTH	PROGRAMMFOLGEPLAN	erstellt am: 4.7.75 erstellt durch: Meyer

Diagramm	Erläuterungen

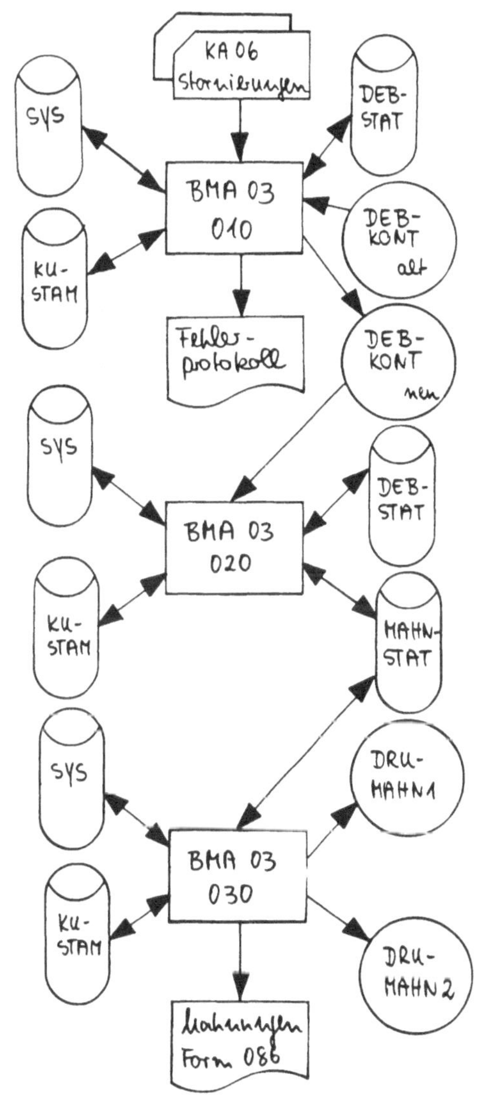

Eingabe- und Prüfprogramm Mahnungen.

Gewinnung der Mahndaten und Ausgabe auf Datei MAHNSTAT.

Drucken der Mahnungen und Ausgabe auf zwei weiteren Dateien zum Drucken von Mahnstatistiken.

Formular IV/08

FUTH	DATENERFASSUNGSBELEG JOB-STEUERKARTEN	erstellt am: 26.8.75 erstellt durch: Krüger

Job-Name: RET01 | Maschinensystem: | Bemerkungen:

Job-Bezeichnung: Retourenauswertung | Betriebssystem:

Lfd. Nr.	Programmname	Kz.	1–15	16–20	21–80
01	PPLBA		//GPLBA	JOB	Ø9,RETA,CLASS=A
02			//	EXEC	ANSG,P=PPLBA
03			//GO.SYSOUT	DD	SYSOUT=A,DCB=(BLKSIZE=1089,RECFM=FBA)
04					
05					
06					
07					
08					
09					
10					

Bemerkungen:

Variable Angaben sind in Kleinbuchstaben anzugeben und unter Bemerkungen zu erläutern !

Formular IV/11

die Laufzeiten zum Teil erheblich reduziert werden. Die Job-Steuerung wird durch den Arbeitsvorbereiter mit Job-Steuerkarten vorbereitet, mit deren Hilfe entsprechende Informationen an das Betriebssystem zur Steuerung des Ablaufs gegeben werden. Bei kleineren und mittleren Anlagen muß man aus maschinen- und programmtechnischen Gründen auf eine Job-Steuerung verzichten.

Der letzte Schritt besteht im Anlegen der AV-Arbeitsmappe durch Gewinnung der obengenannten Dokumentationsunterlagen. Als erstes wird das Formular Deckblatt AV-Dokumentation (Formular IV/07) ausgefüllt. Es enthält im Kopf Hinweise auf das umgestellte EDV-System, das Maschinen- und Betriebssystem (soweit mehrere EDV-Anlagen und/oder Betriebssysteme im Unternehmen eingesetzt sind), die Kostenstellen der Abteilungen (evtl. mit prozentualer Aufteilung), die Nutznießer der EDV-Arbeiten sind, die Termine für den Maschinendurchlauf und den Namen des Projektleiters für den Fall von Rückfragen. Je Programm werden dann der Kernspeicherbedarf, die Eingabedatenträger oder -sätze, die Dateien und die Ausgaben, jeweils mit Namen und Bezeichnung, angegeben.

Um Verwechslungen auszuschließen, empfiehlt es sich, für Programme, Dateien und Datensätze in allen Dokumentationsunterlagen einheitliche Schlüssel zu verwenden; hierbei ist Rücksicht auf die Regeln des eingesetzten Betriebssystems zu nehmen. Die drei Gruppen für die Verschlüsselung sind der Name des Arbeitsgebietes, der Datei und des Beleges.

Beispiel Arbeitsgebietsname

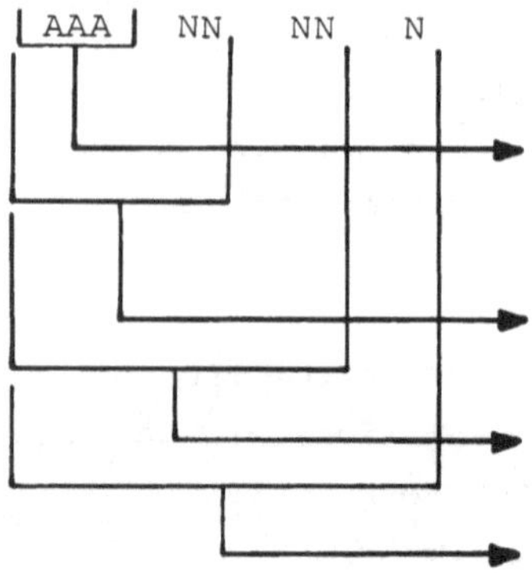

System-Name (alphabetisch und "sprechend")

Job-Name

Programm-Name (ohne Versions-Nr.)

Programm-Name (mit Versions-Nr.)

VAB 01 02 3 — System Verkaufsabrechnung VAB
1. Job im System
2. Programm im Job
3. Programmversion

Beispiel Dateiname

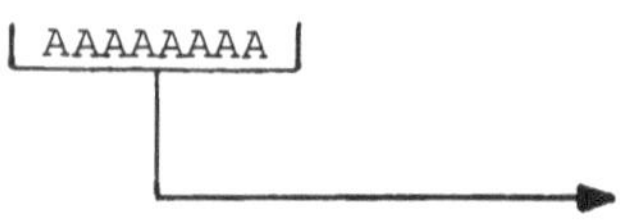

8stelliger alphabetischer und sprechender Dateiname

KNDDATEI — Kundenstammdatei

Beispiel Beleg-Nr.

Die Belegnummern für Lochkarten, Formulare und dergleichen sollten sich an die im Unternehmen gebräuchlichen Formular-Bezeichnungen anschließen, auf die Art der Belege hinweisen und 8 Stellen (wegen der evtl. Auswertung durch das Betriebssystem) nicht überschreiten.

KA 822	Kartenart 822 (Lochkarte)
FORM R 066	Formular Rechenzentrum 066

Neben dem Deckblatt AV-Dokumentation ist die Programmfolge darzustellen. Der Programmfolgeplan wird aus dem Fein-Datenflußplan abgeleitet, wobei hier jedoch nicht der Datenfluß, sondern der programmtechnische Ablauf im Mittelpunkt der Darstellung steht. Dies bedeutet, daß neben den Arbeitsprogrammen, zu Jobs zusammengefaßt, auch die Hilfsprogramme (z.B. Sortier-, Misch- und Datensicherungsprogramme) aufgeführt sowie Angaben über unterschiedliche Job-Zusammenstellungen (z.B. für tägliche, monatliche oder vierteljährliche Auswertungen) gemacht werden.

Zu den weiteren Unterlagen der Arbeitsvorbereitung gehört das Formular RZ-Terminplan (Formular IV/09). Dieses Formular wird je umgestelltes Arbeitsgebiet ausgefüllt und enthält die Tätigkeiten und den Belegfluß, bezogen auf die Arbeiten in den Fachabteilungen und in den einzelnen Stellen des Rechenzentrums. Jedoch werden nicht alle Tätigkeiten und Belegflüsse aufgeführt, sondern nur diejenigen, auf die es bei der Terminerfüllung besonders ankommt. Der Hauptzweck dieses Formulars besteht darin, die durch Wochenenden und Feiertage bedingte monatliche Verschiebung der Arbeitstage im Kalenderjahr zu kennzeichnen. Fachabteilungen und alle Stellen des Rechenzentrums werden durch das Formular informiert, wann sie spätestens eine bestimmte Tätigkeit in einem bestimmten Monat abschließen und die Belege an die nächste Stelle weiterleiten müssen. Das Formular wird in Absprache zwischen Arbeitsvorbereitung, Projektteam und den betreffenden Fachabteilungen gewonnen und bildet darüber hinaus die Grundlage für die Einplanung eines umgestellten Arbeitsgebietes in den RZ-Arbeitsplan. Das Formular Job-/Step-Beschreibung (Formular IV/10) nimmt alle Einzelheiten für die maschinelle Abwicklung auf. Es wird pro Job ausgefüllt und dient sowohl der Arbeitsvorbereitung für die Ablaufvorbereitung, d.h. für die Bereitstellung von Arbeitsmitteln und Arbeitsunterlagen, als auch dem Operator für die Job-Abwicklung auf der EDV-Anlage. Entweder erhält der Maschinenraum ein Duplikat zur ständigen Aufbewahrung im Operator-Handbuch, oder aber die Job-/Step-Beschreibung geht mit den Arbeitsunterlagen jeweils an den Maschinenraum und von dort nach Arbeitserledigung wieder an die Arbeitsvorbereitung zurück.

Damit Programme und Dateien dem jeweiligen Job mit Hilfe des Betriebssystems richtig zugeordnet und weitere Steuerungsfunktionen ausgeführt werden können, ist pro Job ein Job-Steuerkartensatz anzulegen. Da die Job-Steuerkarten sowohl anwendungsbezogene als programmtechnische Angaben enthalten, ist es im allgemeinen ratsam, wenn die Datenerfassungsbelege hierfür entweder durch die betreffenden Anwendungsprogrammierer oder aber in gemeinsamer Arbeit zwischen Anwendungsprogrammierern und Arbeitsvorbereiter gewonnen werden. Als Erfassungsbeleg für die Gewinnung der Job-Steuerkarten wird das Formular Datenerfassungsbeleg Job-Steuerkarten (Formular IV/11) benutzt.

2.23 Übernahme geänderter Programme

Aber nicht nur umgestellte neue Arbeitsgebiete und Programme müssen in der Arbeitsvorbereitung eingeplant und dokumentiert werden, ähnliche Aufgaben sind auch im Falle von Programmänderungen vorzunehmen. Als Auslösung für die Änderung der Dokumentationsunterlagen in der Arbeitsvorbereitung dient das Formular Freigabe Programmänderungen (Formular IV/12).

Die Angaben auf diesem Formular informieren den Arbeitsvorbereiter über den Zeitpunkt, bis zu dem die alte Programmversion läuft und aufbewahrt werden muß und desgleichen über den Termin, von dem an die neue Programmversion eingesetzt wird. Damit die alte Programmversion noch eine Zeitlang gespeichert und einsatzfähig bleiben kann (eine Notwendigkeit, für die es in der Praxis zahlreiche Fälle gibt) ist es ratsam, dem Programmnamen zusätzlich eine Stelle für die Programmversion hinzuzufügen, die das geänderte Programm von der vorhergehenden Version unterscheidet.

FUTH	FREIGABE PROGRAMMÄNDERUNGEN	erstellt am: 18.11.76 erstellt durch: Gammann
System	Teilsystem	Untersystem
Rechnungswesen	Buchhaltung	Verkaufsabrechnung
Auftrags-Nr.	Auftragsbezeichnung	Projektstufe
Änderungsauftrag 421	Einbau Kreditprüfung	Änderungsdienst

Projektleiter: Gammann
Programmierer: Hartwig

Bemerkungen:

Programme alt				Programme neu			
Programmname Version alt	Einsatz bis	Löschdatum	Bibliothek	Programmname Version neu	Einsatz ab	Bibliothek	Bemerkungen
VAB02T	30.11.76	31.12.76	PRAXLIB	VAB02T2	1.12.76	TESTLIB	mit Vers.-Nr. nach PRAXLIB

Formular IV/12

2.24 Termin- und Kapazitätsplanung

Um EDV-Anlagen sinnvoll und wirtschaftlicher auszulasten, ist es unumgänglich, daß die verfügbare Maschinenzeit genau geplant wird. Erschwerend bei dieser Planung wirken sich nicht nur zusätzliche Arbeiten und sporadische Maschinenzeitanforderungen, sondern auch programmtechnische und maschinentechnische Störungen aus. Um aperiodisch durchzuführende Arbeiten einplanen bzw. bei Störungen sofort Umdispositionen vornehmen zu können, ist es erforderlich, daß die Arbeitsvorbereitung alle zusätzlichen Anforderungen rechtzeitig erfährt und sich einen laufenden Überblick über Abweichungen zwischen geplanter und wirklicher Maschinenbelegung verschafft.

Als Hilfsmittel für die Termin- und Kapazitätsplanung dienen

- der RZ-Arbeitsplan
  (Formular IV/13)

- der Maschinenplan
  (Formular IV/14), als Faltplan im Anhang untergebracht

- die Maschinenbelegung
  (Formular IV/15) und

- die Maschinenzeit-Anforderung
  (Formular IV/16).

Auf dem Formular RZ-Arbeitsplan (Formular IV/13) werden die sich periodisch wiederholenden Originalarbeiten eingeplant. Hierbei geht man so vor, daß man alle umgestellten Arbeitsgebiete, unterteilt nach Job oder Programmen, in den dazugehörigen Wiederholungsperioden aufführt. Der Plan stellt also lediglich eine Übersicht über die sich wiederholenden Originalarbeiten dar und bildet die Grundlage für die wöchentliche Maschinenplanung.

FUTH	RZ-ARBEITSPLAN	erstellt am: 13.1.75 erstellt durch: Meyer	01

Arbeitsgebiet	Abteilung/ Kostenstelle	Priorität t	Priorität w	Priorität m	Priorität M	Job-/Programmname täglich	wöchentl.	dekadisch	monatlich	1/4jährlich	halbjährlich	jährlich
Debitorenbuchhaltung	Buchh. 4/13	2				BMA 01						
"	"	2				BMA 02						
"	"		2				BMA 03					
Verkaufsabrechnung	Verkauf 2/10	1		3		FAK 01			FAK 02			
"	"			3					FAK 03			
Gehaltsabrechnung	PF 1/01			1					GEH 01			
"	"			1					GEH 02			
"	"			1					GEH 03			
"	"			1					GEH 04			
"	"									GEH 05		
"	"										GEH 06	

Formular IV/13

FUTH	MASCHINENBELEGUNG	erstellt am: 20.11.75 erstellt durch: Herz	01

Job/ Programm	Kosten- stelle	Laufzeit von	Laufzeit bis	Lfzt. Min.	Arb.- Schl.	Ksp.- Bed.	Ksp.- int.	E/A int.	Priorität t	w	m	M	Parti- tion	Periphere Geräte SP	Pl. 2	Pl. 3	Pl. 4	Pl. 5	Pl. 6	Bd 1	Bd 2	Bd 3	Bd 4	Bd 5	Bd 6	Les.	Dr. 1	Dr. 2	St.	erl. AV	erl. MR
BMA 03	4/13																														
" 010		6.00	6.40	40	1	6		E		2			3	X	X	X				X	X					X	X				
" 020		6.40	7.00	20	1	22	X			2			3	X	X	X	X														
" 030		7.00	7.30	30	1	12		A		2			3	X	X					X	X						X				
FER01	3/12																														
" 010		7.30	7.40	10	1	15		E	1				2	X	X	X	X			X	X					X	X				
" 020		7.40	8.15	35	1	30	X		1				2	X	X	X											X				
" 050		8.15	9.15	60	1	50	X		1				2	X	X	X	X	X													
" 061		9.15	9.35	20	1	10		A	1				2	X	X	X				X	X	X	X				X	X			
Tests	Propr.	9.35	11.00	85	4																										

Formular IV/15

FUTH	MASCHINENZEIT-ANFORDERUNG	erstellt am: 5.11.75 erstellt durch: Siebert

(Von Fachabteilung auszufüllen)

Abteilung:	Buchhaltung	Arbeitsgebiet/Programm:	Debitorenbuchhaltung
Kostenstelle:	4/13	Auswertungen:	Mahnstatistik 4
Ausw.-Tag/Uhrzeit:	bis 10.11.	Anlagen/Hinweise:	
Bemerkungen:			

(Von Arbeitsvorbereitung auszufüllen)

Tag:	7.11.	Laufzeit von/bis:	—
Schicht:	2	Laufzeit in Min.:	ca. 30 Min.
Maschinensystem:		Erled.-Tag/Uhrzeit:	7.11., 15.00
Priorität:	2	Name:	Wetzel

Formular IV/16 (DIN A 5-Format)

Da Ablauf- und Maschinenstörungen Verzögerungen und damit Planänderungen verursachen können, ist es ratsam, Prioritätskennziffern zu vergeben. Diese Kennziffern geben dem Arbeitsvorbereiter und Operator an, welche Arbeiten die höchste, eine mittlere oder die niedrigste Priorität besitzen, damit bei Störungen und Verzögerungen entsprechende Umdispositionen vorgenommen werden können. Denn aus betrieblichen Gründen kann u.U. bei Ausfall der Anlage nicht mit dem als nächstes Arbeitsgebiet geplanten Ablauf fortgefahren werden. Statt dessen müssen die Arbeitsgebiete in einer anderen Reihenfolge, entsprechend ihrer Priorität, ablaufen. Für die Praxis genügt es, wenn sich die Kennziffern auf die täglichen, wöchentlichen und monatlichen Arbeiten erstrecken. Für die ersten (von links nach rechts gesehen) drei Terminkennziffern gibt es jeweils drei Stufen, wobei 1 die höchste Priorität bedeutet, deren zeitliche Einhaltung sehr wichtig ist, 2 eine mittlere Priorität darstellt, und 3 die niedrigste Priorität nennt, also nicht so eilig ist. Die letzte Stelle der Prioritätskennziffer bezieht sich auf die interne Programmpriorität beim Einsatz von Multiprogramming. In dieser Stelle bedeutet eine 1, daß das betreffende Programm kernspeicherintensiv ist und mit einer niedrigen internen Priorität geladen werden sollte. Eine 2 bedeutet, daß das Programm eine mittlere interne Priorität bekommen soll, da es nur bedingt kernspeicherintensiv ist, und eine 3 weist auf eine hohe interne Priorität hin. Wenn ein Job oder Programm beispielsweise den Prioritätsschlüssel 3313 besitzt, bedeutet dies, daß der Job oder das Programm bei einer täglichen und bei einer wöchentlichen Bearbeitung die niedrigste Priorität besitzt, bei einer monatlichen Bearbeitung die höchste Priorität hat und bei Multiprogramming mit einer hohen internen Priorität geladen werden muß.

Aufbauend auf dem RZ-Arbeitsplan (für sich periodisch wiederholende Originalarbeiten) wird der wöchentliche Maschinenplan (Formular IV/14) erstellt. Außer den periodischen Originalarbeiten werden bei der Gewinnung des Maschinenplans alle weiteren planbaren Arbeiten berücksichtigt. Hierzu gehören in erster Linie der Testbedarf (Formular IV/17) und der Wartungsbedarf der Anlagentechniker. Die wöchentliche Planung im Maschinenplan erfolgt je Arbeitstag und Schicht, unterteilt nach Uhrzeiten, in Form eines Balkendiagramms.

Aus dem wöchentlichen Maschinenplan entwickelt der Arbeitsvorbereiter, als Feinplanung, je Arbeitstag oder besser je Arbeitsschicht die Maschinenbelegung (Formular IV/15). Die Maschinenbelegung dient sowohl dem Arbeitsvorbereiter für die zeitliche Ablaufvorbereitung, d.h. für die rechtzeitige Bereitstellung von Arbeitsunterlagen und Arbeitsmitteln, als auch dem Operator für die Reihenfolge der Job- oder Programmabläufe auf der EDV-Anlage. Zweckmäßigerweise wird die Maschinenbelegung am Vorabend (bei täglicher Planperiode) bzw. unmittelbar vor Schichtbeginn durchgeführt, damit der Plan möglichst aktuell ist. Soweit sich innerhalb der Arbeitsabläufe Änderungen und Umdispositionen ergeben, muß die Maschinenbelegung zum gegebenen Zeitpunkt von der Arbeitsvorbereitung korrigiert werden. Bei der Festlegung der Angaben in der Maschinenbelegung sind auch der sporadisch auftretende Maschinenbedarf, angefordert mit Hilfe des Formulars Maschinenzeit-Anforderung (Formular IV/16), und der wirkliche Testbedarf, dokumentiert mit Hilfe von Testanweisungen (Formular IV/18), zu berücksichtigen. Die Maschinenbelegung selbst enthält, chronologisch geordnet, je Job oder Programm die geplante Laufzeit und den Zeitaufwand, den Arbeitsschlüssel, den Kernspeicherbedarf, den Hinweis auf Kernspeicher- bzw. Ein-/Ausgabeintensität, die Priorität für den Verzögerungsfall bzw. für die Zusammenstellung bei Multiprogramming, die vorgesehene Partition, die Anzahl und Art der benötigten peripheren Geräte sowie Erledigungsvermerke von Arbeitsvorbereiter und Operator.

Die Einplanung von Umwandlungs- und Testarbeiten erfolgt in drei zeitlichen Phasen, und zwar

- grob und langfristig anhand des bekannten Formulars EDV-Auftrag (Formular IV/01)

FUTH	TESTBEDARF	erstellt am: 21.11.75 erstellt durch: Gruner

Monat/Jahr: Nov. 75	Maschinensystem:
Woche: 48 vom 24. bis 28.11.	Betriebssystem:

Lfd. Nr.	Arbeitsgebiet	Programm	Schicht/ Uhrzeit	U	T	Anzahl Minuten						
						Mo.	Di.	Mi.	Do.	Fr.	Sa.	So.
01	Fert.-St.	FER01010	1	x	x	10		20		20		
02	"	FER01020	2		x		5		10			
03	"	FER01030	2	x	x	10	10	10	15	15		
04	Lohnabr.	LAB01010	1	x	x	30		30		10		
05	"	LAB01030	2	x	x		10	10		15		

Formular IV/17

FUTH	TESTANWEISUNG	erstellt am: 5.3.76 erstellt durch: Hartwig
System	Teilsystem	Untersystem
Rechnungswesen	Buchhaltung	Verkaufsabrechnung
Auftrags-Nr.	Auftragsbezeichnung	Projektstufe
074.1.08	Progr. Prüfprogramm	Programmierung

Programm: VAB02T Prüfprogramm	Ksp.-Bedarf: 28 kB
Programmierer: Hartwig	Laufzeit ca.: 10 Min.
Tel.-Nr.: 244	Druckausgabe ca.: 20 Blatt
Eigentest: nein	Priorität: 1

Gerät	Dateiname	Archiv-Nr.	E	A	Bemerkungen
	VABEIN01		X		ges. Eingaben von
	VABEIN02		X		falsche Eingaben Vortag
	KUDAT	PL14.12	X	X	Kundenstammdatei
	VABAWS01			X	Leerband
	VABAWS02			X	"
				X	Eingabe- u. Fehlerprotokoll (Blankoliste)

Testdurchführung				Testbericht			
Lfd. Nr.	Datum	Testhinweise	Progr.	Datum	Laufzeit	Testergebnisse	Op.
1	5.3.	VABEIN01 sichern	Ha	5.3.	8 Min.	abgebrochen, gesichert	Zi
2	7.3.		Ha	8.3.	10 Min.		Zi
3	10.3.	VABEIN01 sichern	Ha	10.3.	11 Min.	gesichert	Zi

Formular IV/18

- mittelfristig mit Hilfe des wöchentlich vom Chefprogrammierer ausgefertigten Formulars Testbedarf (Formular IV/17) und

- kurzfristig aufgrund des je Umwandlung oder Test täglich von den Programmierern bereitgestellten Testunterlagen, begleitet durch die Testanweisung (Formular IV/18).

2.25 Vorbereitung von Maschinenläufen

Die Vorbereitung und Zusammenstellung der Maschinenläufe bildet die Haupttätigkeit des Arbeitsvorbereiters. Ausgehend von der Maschinenbelegung (Formular IV/15) stellt der Arbeitsvorbereiter im allgemeinen mehrmals je Schicht und in der Reihenfolge der vorgesehenen Arbeitsabläufe die Arbeitsunterlagen und Arbeitsmittel für den Maschinenraum auf Wagen zusammen, die dann in den Maschinenraum gerollt werden.

Für die Vorbereitung entnimmt er der Arbeitsmappe die Job-/Step-Beschreibung, um mit Hilfe dieser Anleitung die von der Datenerfassung angelieferten Datenträger, die Magnetbänder und Magnetplatten für die Datenspeicherung und die Formulare für die Datenausgabe (soweit nicht Blankopapier vorgesehen ist) für den Job- oder Programmablauf bereitzustellen. In den meisten Rechenzentren lagern die Magnetplatten direkt im Maschinenraum und werden vom Operator selbst bereitgestellt. Auch die Job-Steuerkarten werden den Arbeitsunterlagen hinzugefügt. Sofern Umwandlungen und Tests vorgesehen sind, gehören auch die angelieferten Testanweisungen und Testdaten zu den Arbeitsunterlagen. Die entnommenen Magnetbänder müssen auf den dazugehörigen Magnetband-Dateikarten eingetragen und mit entsprechenden Steckkarten oder Aufklebern versehen werden. Ob die Job-/Step-Beschreibungen mit zu den bereitgestellten Arbeitsunterlagen gehören, hängt davon ab, ob der Maschinenraum selbst ein Handbuch mit den Beschreibungen besitzt oder aber die Operateure auch diese Unterlagen im Umlauf von der Arbeitsvorbereitung erhalten.

Die Zusammenstellung der Arbeitsunterlagen und ihre Weitergabe an den Maschinenraum wird durch einen Erledigungsvermerk des Arbeitsvorbereiters auf dem Formular Maschinenbelegung abgeschlossen. Einen gleichen Erledigungsvermerk sollte der Operator auf seinem Exemplar nach der Durchführung anbringen.

2.26 Archivierung und Materialdisposition

Die restlichen Arbeiten neben der Planung und Ablaufvorbereitung in der Arbeitsvorbereitung lassen sich unterteilen in die Führung und Verwaltung

- des Band-/Plattenarchivs
- der Dokumentation und
- des Materiallagers.

<u>Band-/Plattenarchiv</u>

Die Führung und Verwaltung des Speicherarchivs dient sowohl der reibungslosen Arbeitsablauforganisation im Rechenzentrum als auch der Sicherung von Programmen und Dateien auf Magnetbändern und Magnetplatten. Das Speicherarchiv muß so aufgebaut sein, daß jederzeit festgestellt werden kann, auf welchem Datenträger (Magnetband oder Magnetplatte) sich eine bestimmte Datei befindet und welche Datenträger belegt bzw. zur Neubeschriftunq frei sind.

Die Führung und Verwaltung des Speicherarchivs beginnt damit, daß alle neu erworbenen und dem Bestand hinzugefügten Magnetbänder und Magnetplatten einen unveränderlichen Aufkleber erhalten, der den Eigentümer und eine fortlaufende Band- oder Plattennummer ausweist.

Magnetband-Aufkleber
(Beispiel)

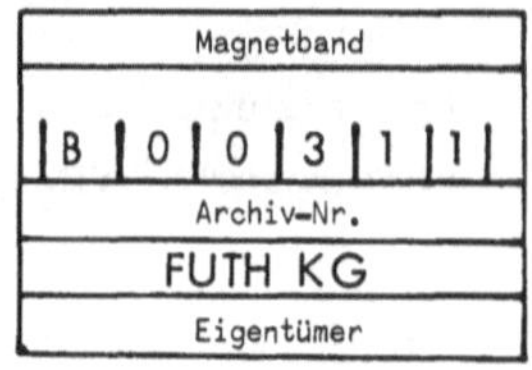

Magnetplatten-Aufkleber
(Beispiel)

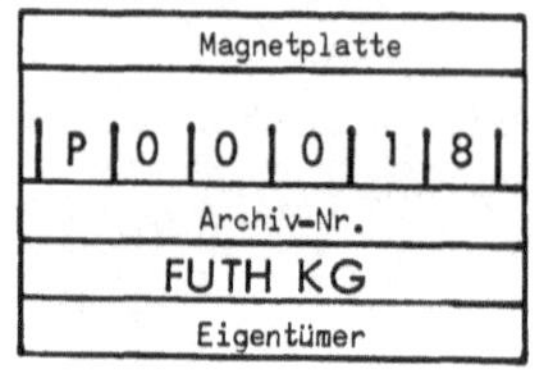

Die Magnetbänder werden im Archiv in verschließbaren Regalen oder Schränken, in Kassetten stehend oder in Ringen hängend, klimatisiert gelagert. Die Fächer der Regale oder Schränke sind mit den gleichen fortlaufenden Bandnummern versehen, wie sie die Aufkleber enthalten. Gleichzeitig wird eine Magnetband-Archivkarte (Formular IV/19) angelegt und der Magnetband-Archivkartei hinzugefügt, die nach Archiv-Nummern geordnet ist. Weitere Eintragungen in die Archivkarten sind nur für den Fall vorzunehmen, daß das betreffende Magnetband ausgeliehen, also für eine mehr oder weniger lange Zeit aus dem Archiv entfernt wird. Beispiel der Ausleihe sind Arbeitsbänder für den Maschinenraum, Testbänder für die Programmierung und der Datenträgeraustausch mit anderen Unternehmen, z.B. Banken. Jede Ausleihe und Weitergabe von Magnetbändern und anderen Datenträgern sollte durch das Formular Datenträger-Versandschein (Formular IV/20) begleitet sein.

Die Disposition der Magnetbänder für die Benutzung im Maschinenraum erfolgt mit Hilfe der Magnetband-Dateikarten (Formular IV/21). In dieser Kartei wird nicht für jedes Magnetband, sondern für jede auf Magnetbändern gespeicherte Datei, geordnet nach Dateinamen, eine Karte geführt. Aus der Job-/Step-Beschreibung erfährt der Archivar, welche Magnetbänder für die Eingabe und welche freien Magnet-

FUTH	MAGNETBAND-ARCHIVKARTE	erstellt am: 14.10.75 erstellt durch: Werner

Hersteller: FSAB
Lieferant: —
Lieferdatum: 30.6.75
Länge: normal

Spuren: 9
Zeichendichte: 1600

Archiv-Nr.: MB 4711

Datum	Ausgabe an	Rückgabe von	Unterschrift	Datum	Ausgabe an	Rückgabe von	Unterschrift
27.10.75	Propr.		We.				
13.11.75		Propr.	We.				
15.11.75	Bankhaus Heinz		We.				
28.11.75		Bankhaus Heinz	We.				

Formular IV/19

Datum	Ausgabe an	Rückgabe von	Unterschrift	Datum	Ausgabe an	Rückgabe von	Unterschrift

FUTH	MAGNETBAND-DATEIKARTE	erstellt am: 7.7.75 erstellt durch: Weber

Dateibezeichnung: Debitorenkonten

Dateiumfang: 2 Rollen

Sperrfrist: 3 Generationen

Verwendung in Programm:

BMA 03010
BVB 01010
BVB 02010

Dateiname: DEBKONT

Archiv-Nr.	Rolle n	Rolle von	Generation	Schreibdatum	Freigabedatum	Kurzzeichen	Bemerkungen	Archiv-Nr.	Rolle n	Rolle von	Generation	Schreibdatum	Freigabedatum	Kurzzeichen	Bemerkungen
3820	1	2	001	16.7.75	12.8.75	We.									
0124	2	2	001	"	"	We.									
1610	1	2	002	23.7.	19.8.	We.									
1125	2	2	002	"	"	We.									

Formular IV 21

Archiv-Nr.	Rolle		Generation	Schreibdatum	Freigabedatum	Kurzzeichen	Bemerkungen	Archiv-Nr.	Rolle		Generation	Schreibdatum	Freigabedatum	Kurzzeichen	Bemerkungen
	n	von							n	von					

FUTH	DATENTRÄGER-VERSANDSCHEIN	erstellt am: 26.11.75 erstellt durch: Neumann

Absender	Empfänger
Firma:	Firma: Bankhaus Hinz
Abteilung/Name: Personalabt., Heinrich	Abteilung/Name: EDV-Abteilung
Ort/Tag: Radevormwald, 26.11.75	Anschrift: Düsseldorf
Uhrzeit: 10.00	

Nr./Name	Bezeichnung	Belege	LK	LStr.	MB	MP		Anzahl	Nummernkreis von	Nummernkreis bis	Bemerkungen
NETTLOHN	Nettolohnauszahlg.				X			1			

als Anlage	⊗	mit Päckchen	○	mit LKW	○
als Versand	○	mit Paket	○	mit Express	○
mit Brief	○	mit Boten	○	mit Luftfr.	○

Empfangsbestätigung

erhalten am / Uhrzeit: 26.11.75, 12.00

Unterschrift: Gärtner

Formular IV/20 (DIN A 5-Format)

bänder für die Ausgabe er für jeden Job bereitstellen muß. Er entnimmt das zuletzt beschriebene Magnetband (mit den alten Bestandsdaten) dem Magnetband-Schrank, kontrolliert anhand der Steckkarte (oder des Datei-Aufklebers), ob seine Disposition richtig ist, und stellt das Magnetband für die Job-Zusammenstellung bereit. Für ein neu zu beschreibendes Band (für die Aufnahme der neuen Bestände) nimmt er ein freies Magnetband, das keine benötigten Daten mehr enthält, d.h. dessen Freigabedatum also bereits überschritten ist. Dieses Magnetband versieht er mit einer neuen Steckkarte (bzw. Datei-Aufkleber), das hierdurch nach der Beschriftung bis zum Freigabedatum gesperrt ist. Gleichzeitig wird die neue Beschriftung mit der entsprechenden Archiv-Nummer des Magnetbandes und weiteren Angaben auf der Magnetband-Dateikarte vermerkt. Das Magnetband mit den alten Beständen bleibt aus Sicherheitsgründen so lange gesperrt, bis das Freigabedatum erreicht ist.

Magnetband-Dateiaufkleber

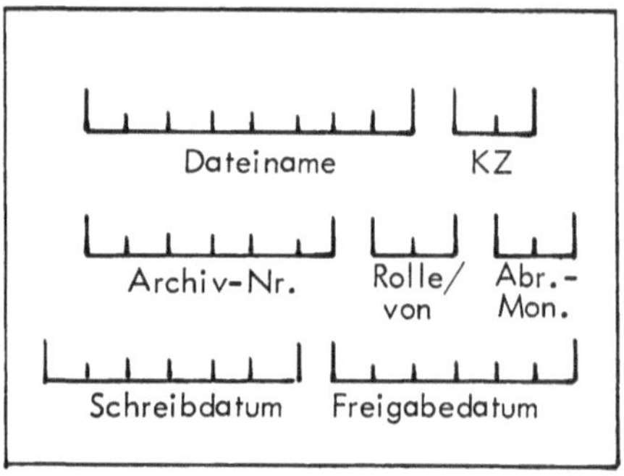

Nach der Rückgabe vom Maschinenraum werden die Magnetbänder wieder an ihren alten Platz im Regal abgestellt. Soweit die von der Arbeitsvorbereitung bereitgestellten Magnetbänder nicht ausreichten, weil z.B. ein Magnetband schadhaft ist oder mehr Magnetbänder als disponiert benötigt werden, entnimmt der Operator die zusätzlich benötigten Bandrollen seinem Bestand an Arbeitsbändern und füllt hierzu selbst je Band eine Steckkarte bzw. einen Datei-Aufkleber aus. Die vom Operator disponierten Magnetbänder müssen in der Arbeitsvorbereitung dann noch in die betreffenden Dateikarten nachgetragen werden.

Auch Magnetplatten werden in besonderen, verschließbaren Schränken gelagert. Da sie jedoch entweder laufend (z.B. Platten für Betriebssystem und Programmbibliothek) oder aber sehr häufig benutzt werden, ist es ratsam, sie direkt im Maschinenraum, nach Archiv-Nummern geordnet, zu lagern. Ein Aufkleber sollte nur auf dem Schutzdeckel und nicht auf dem Plattenstapel selbst angebracht werden, da er leicht zur Unwucht des Plattenstapels führen kann. Die Führung des Magnetplatten-Dateiaufklebers obliegt dem Operator.

Magnetplatten-Dateiaufkleber

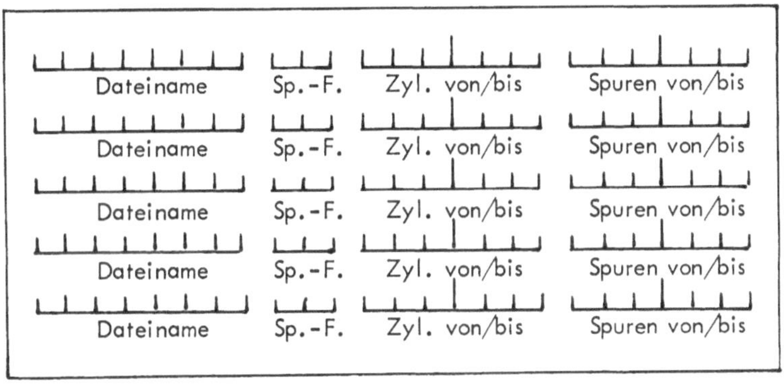

Zur Bestandsführung und Disposition von Magnetplatten empfiehlt sich als Hilfsmittel die Magnetplatten-Archivkarte (Formular IV/22), auf der jede Bearbeitung der auf der betreffenden Magnetplatte gespeicherten Dateien vermerkt wird. Mit Hilfe der Eintragungen, die vom Arbeitsvorbereiter vorgenommen werden sollten, kann der aktuelle Stand der Plattenbelegung verfolgt werden.

FUTH	MAGNETPLATTEN-ARCHIVKARTE	erstellt am: 4.7.75 erstellt durch: Meyer

Hersteller:	FSAB
Lieferant:	—
Typ:	3460
Lieferdatum:	6/75
Kapazität:	30 Mio

Dateien: KUSTAM, DEBSTAT

Archiv-Nr.: MP 0025

Datum	Dateiname	Zylinder von	Zylinder bis	Spur von	Spur bis	Üb.-Zyl. von	Üb.-Zyl. bis	Üb.-Spur von	Üb.-Spur bis	Speicherform	Bewegung	Bemerkungen	Kurzzeich.
7.7.75	KUSTAM	001	030			031	034			IS	Änderungen		Me.
14.7.75	"										"		Me.
23.7.75	DEBSTAT	035	050			051	053			IS	Update		Me.
11.8.75	"										"		Me.

Formular IV/22

Datum	Dateiname	Zylinder		Spur		Üb.-Zyl.		Üb.-Spur		Speicherform	Bewegung	Bemerkungen	Kurzzeich.
		von	bis	von	bis	von	bis	von	bis				

Dokumentationsarchiv

Jede System- und Programmdokumentation erfüllt nur dann ihren Zweck, wenn sie auf dem aktuellen Stand ist, d.h. wenn auch jede Änderung dokumentiert wird. Aus Gründen der Arbeitsteilung ist es ratsam, den Archivar, der das Speicherarchiv führt, auch mit der Führung des Dokumentationsarchivs zu betrauen. In den Fällen, wo kein gesonderter Archivar eingesetzt ist, kann ein anderer Mitarbeiter aus der Arbeitsvorbereitung, aber auch ein EDV-Organisator oder Programmierer, mit der Führung des Dokumentationsarchivs beauftragt werden.

Für jedes umgestellte EDV-System gibt es ein Deckblatt System-Dokumentation (Formular IV/23) und für jedes darin enthaltene Programm ein Deckblatt Programm-Dokumentation (Formular IV/24). Beide Deckblätter haben Änderungsspalten, in denen im Spaltenkopf die Nummer des betreffenden Änderungsauftrages und darunter die Blatt-Nummern eingetragen werden, die geändert wurden; in anderen Fällen ist bei Änderungen die geänderte Position anzukreuzen.

Um Informationslücken bei der Dokumentationsänderung auszuschließen, ist das Formular Auftrag Programmänderungen (Formular IV/25) mit einer Spalte "Dokumentation geändert" versehen. Der Auftrag für Programmänderungen gilt erst dann als erfüllt, wenn die geänderten Dokumentationsunterlagen dem Archivar ausgehändigt sind, der den Empfang in der genannten Formularspalte bestätigt, die betreffenden Deckblätter der Dokumentation korrigiert und die Unterlagen durch die geänderten Blätter austauscht.

Materiallager

Zu den Aufgaben des Archivars bzw. eines anderen Mitarbeiters der Arbeitsvorbereitung gehört die Führung und Verwaltung des Materiallagers, insbesondere die Disposition, Beschaffung und Bestandsverwaltung von Magnetbändern und Magnetplatten sowie von Verbrauchsmaterial, also Lochkarten,

FUTH	DECKBLATT SYSTEMDOKUMENTATION	erstellt am: 15.6.76 erstellt durch: Schmidt
System	Teilsystem	Untersystem
Rechnungswesen	Buchhaltung	Verkaufsabrechnung
Auftrags-Nr.	Auftragsbezeichnung	Projektstufe
074.1.09	Einführung Verk.-Abr.	Systemeinführung

EDV-Auftrag vom: 30.4.75
Projektleiter: Grammann
Projektmitarbeiter: Schmidt, Zoran, York, Hartwig, Redlich, Bang, Günter

Einsatz ab: 1.7.76
Programme: VAB01T bis VAB11T
VAB12M bis VAB16M

Lfd. Nr.	Name	Blatt	Änderung					
01	EDV-ANTRAG	01						
02	EDV-AUFTRAG	02-04						
03	ORG.-AUFBAU	05						
04	ORG.-ABLAUF IST	06						
05	DATENFLUSSPLAN grob	07-08						
06	ORG.-ABLAUF SOLL	09						
07	DATENFLUSSPLAN fein	10-14						
08	DATEIAUFBAU	15-20						
09	SATZAUFBAU	21-28						
10	LISTBILD	29-36						
11	ENTSCHEIDUNGSTABELLE	37-54						
12	ARBEITSANWEISUNG	55-60						
13	TERMINPLAN	61						
14	ÜBERGABEPROTOKOLL	62						

Formular IV/23

FUTH	DECKBLATT PROGRAMMDOKUMENTATION	erstellt am: 8.6.76 erstellt durch: Hartwig
System	Teilsystem	Untersystem
Rechnungswesen	Buchhaltung	Verkaufsabrechnung
Auftrags-Nr.	Auftragsbezeichnung	Projektstufe
074.1.09	Dok. Prüfprogramm	Systemeinführung

Progr.-Name: VAB02T	Übergabe am: 14.4.76
Progr.-Bezeichnung: Prüfprogramm	Übergabe durch: Redlich
Progr.-Sprache: Cobol	Freigabe am: 28.5.76
Programmierer: Hartwig	Freigabe durch: Grammann
Programmgröße: 26 k	Einsatz ab: 1.7.76
Max. Programmgröße: 32 k	

Lfd. Nr.	Name	Blatt	Änderung					
01	DATENFL.-PLAN Progr.	01-05						
02	Programmbeschreibung verbal	06-08						
03	UNT.-PROGR.-VERZEICHNIS	09						
04	PROGRAMMTABELLEN	10						
05	TESTDATEN	11-25						
06	JOURNAL	x						
07	STANDARDMELDUNGEN	26						
08	Testergebnisse	x						
09	Auflistung Steuerkarten	x						
10	Quellenprogramm	x						
11	Maschinenprogramm	x						

Formular IV/24

FUTH	AUFTRAG PROGRAMMÄNDERUNGEN	erstellt am: 12.10.76 erstellt durch: Fritzler
System	Teilsystem	Untersystem
Rechnungswesen	Buchhaltung	Verkaufsabrechnung
Auftrags-Nr.	Auftragsbezeichnung	Projektstufe
Änderungsauftrag 421	Einbau Kreditprüfung	Änderungsdienst

Änderungsantrag	Änderungsauftrag
Abteilung: Buchhaltung, Maltus Datum: 8.10.76 Termin: 1.12.76 Begründung: Von der GL geforderter Einbau eines Kreditlimits	Projektleiter: Grammann Termin: 15.11.76 Bemerkungen: Test erfolgt mit Praxisdaten

Kurzbeschreibung der Änderung: Einbau Schlüssel für Kreditlimit, Änderung der Kundendatei, Prüfung des Kreditlimits im Prüfprogramm

Progr.-Name Version alt	Progr.-Name Version neu	Änderungshinweis	Programmierer	Solltermin Anfang	Solltermin Ende	Zeit Soll	Freigabe	Einsatz ab	Dokum. geänd.
VAB02T	VAB02T	Prüfung auf Kreditlimit entspr. Schlüssel, Abweisung und Kennzeichnung im Protokoll	Hartwig	15.10.	15.11.76	20 MT	Gramm	1.12.76	Hartwig

Formular IV/25

Lochstreifen, Formulare, Tabellierpapier u.a. Für das Verbrauchsmaterial empfiehlt sich eine Unterteilung in Haupt- und Handlager. Während im Hauptlager, das meist im Keller untergebracht ist, größere Mengen an Verbrauchsmaterial lagern, sollte das Handlager, klimatisiert und in der Nähe des Maschinenraums untergebracht, etwa den Bedarf für eine Woche aufnehmen. Der für die Materialversorgung verantwortliche Mitarbeiter hat dann für die rechtzeitige Auffüllung des Handlagers zu sorgen. Haupt- und Handlager sollten nach Regalen und Fächern numeriert sein.

Die Disposition und Bewegungskontrolle des Materials erfolgt mit Hilfe von Materialkarten (Formular IV/26). Die Materialkarte nimmt die Bestellungen, den Lagerzugang durch Lieferungen und den Lagerabgang durch Überführung in das Handlager auf. Sie kann gleichzeitig für Bestellungsanforderungen an den Einkauf durch Umlauf benutzt werden. Durch das Feld "Entwurf" wird auf den Namen des für Entwurf und Änderungen verantwortlichen EDV-Organisators hingewiesen. Dieser Hinweis dient dazu, den zuständigen EDV-Organisator im Hinblick auf Belegänderungen zu befragen, bevor der Sachbearbeiter eine Bestellung veranlaßt.

FUTH	MATERIALKARTE	erstellt am: 9.7.75
		erstellt durch: Franz

Bezeichnung			Entwurf	Verwendung		Hauptlager Regal	Hauptlager Fach	Handlager Regal	Handlager Fach	Material-Nr.
Mahnungen			Bruder	BMA 03		06	14	12	05	FORM 086
ME	PE	Preis/PE	Ø Verbr. Mon	Mindestbestand	Mind.-Best. Mge	Ø Lieferzeit		Lieferant		
0/00	500	80.-	800	5.000	10.000	2 Wo		Merkur KG		

Datum	Bestellung Menge	Bestellung Termin	Bestellung Preis/PE	Lagerung Zugang	Lagerung Abgang	Lagerung Bestand	Datum	Bestellung Menge	Bestellung Termin	Bestellung Preis/PE	Lagerung Zugang	Lagerung Abgang	Lagerung Bestand
4.8.75	10.000	25.8.	80.-										
26.8.				10.000		10.000							
28.8.					2.000	8.000							

Formular IV '26

Datum	Bestellung			Lagerung			Datum	Bestellung			Lagerung		
	Menge	Termin	Preis/PE	Zugang	Abgang	Bestand		Menge	Termin	Preis/PE	Zugang	Abgang	Bestand

3. Datenerfassung

3.1 Arbeitsablauf der Datenerfassung

Die Stelle Datenerfassung ist ein Teilbereich der Arbeitsdurchführung im Rechenzentrum, sofern die Datenerfassung nicht dezentralisiert innerhalb der Fachabteilungen durchgeführt wird. Der Arbeitsablauf in der Datenerfassung beginnt mit der Einplanung neuer Arbeitsgebiete, wozu die Stelle Datenerfassung den RZ-Terminplan je Arbeitsgebiet und die Arbeitsanweisung Datenerfassung je Erfassungs- und Prüfvorgang von der Arbeitsvorbereitung erhält. Neben diesen Unterlagen sollte für die Disposition der Erfassungs- und Prüfarbeiten ein Terminplan benutzt werden.

Aufgrund der Planung im Terminplan und nach Anlieferung der Datenerfassungsbelege von der Arbeitskontrolle erfolgt die Datenerfassung, in dem die auf Datenerfassungsbelegen erfaßten Daten von Datatypistinnen in Datenträger (Lochkarten, Magnetbänder, Lochstreifen) übertragen werden. Der Datenerfassung folgt die Prüfung der erfaßten Daten auf ihre richtige Übertragung. Nach der Erfassung und Prüfung gehen die Datenträger weiter an die Arbeitsvorbereitung. Soweit die Datenerfassung bereits in den Fachabteilungen erfolgt bzw. die Daten direkt in Datenträgern (optisch lesbare Belege, Markierungsbelege) erfaßt bzw. unter Umgehung von Datenträgern (Direkteingabe über Bildschirmgeräte) in die EDV-Anlage eingegeben werden, entfallen die entsprechenden Aktivitäten im Rechenzentrum. Die hier dargestellten und beschriebenen Hilfsmittel können aber auch für eine dezentrale Datenerfassung in den Fachabteilungen verwendet werden. Bild 6 zeigt eine Übersicht über die Aktivitäten und Hilfsmittel in der Datenerfassung.

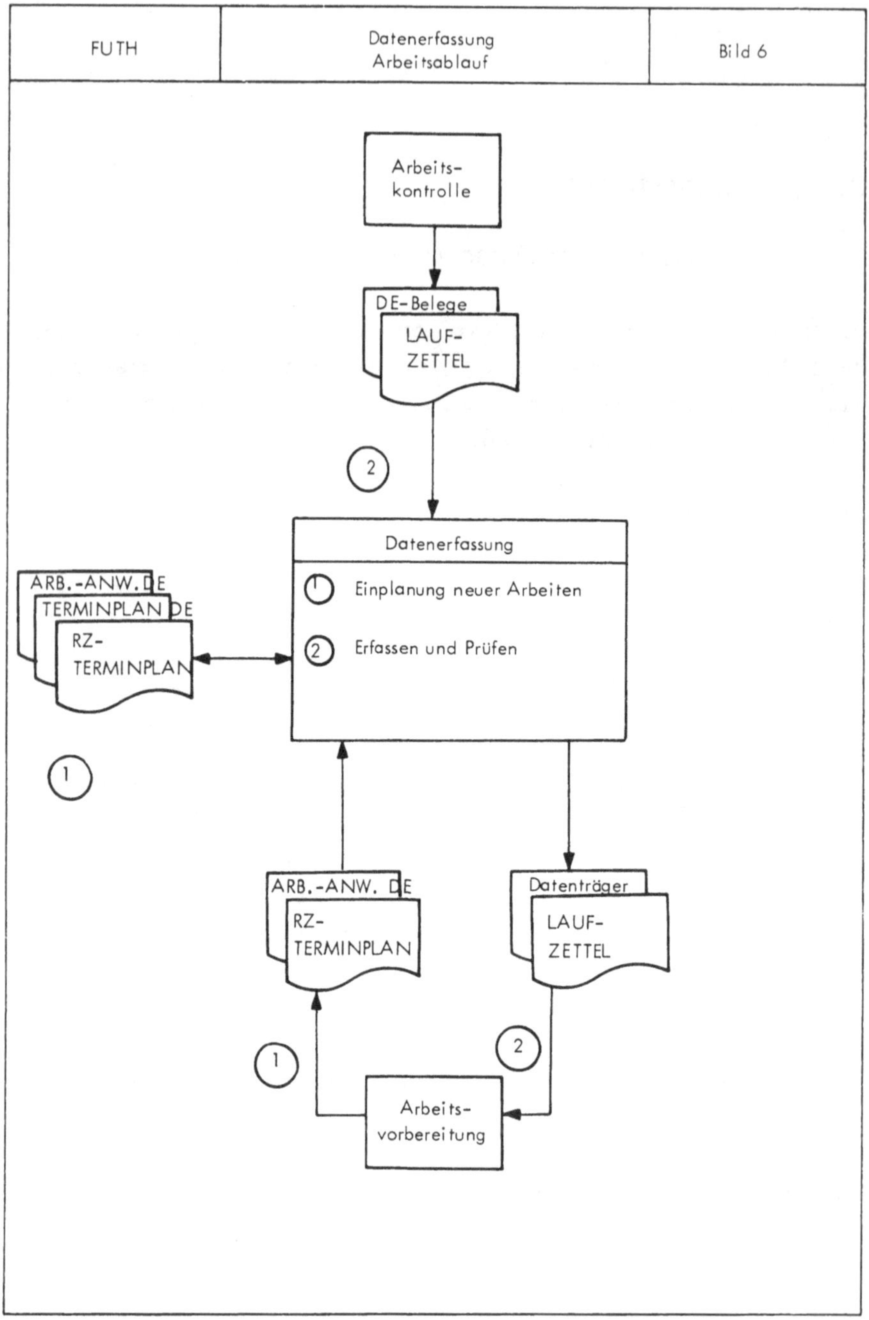
FUTH
Datenerfassung
Arbeitsablauf
Bild 6
Arbeits-
kontrolle
DE-Belege
LAUF-
ZETTEL
2
Datenerfassung
1 Einplanung neuer Arbeiten
2 Erfassen und Prüfen
ARB.-ANW. DE
TERMINPLAN DE
RZ-
TERMINPLAN
1
ARB.-ANW. DE
RZ-
TERMINPLAN
Datenträger
LAUF-
ZETTEL
1
2
Arbeits-
vorbereitung

3.2 Aufgaben und Hilfsmittel der Datenerfassung

Im einzelnen erfüllt die Stelle Datenerfassung folgende Aufgaben:

- Übernahme von Datenerfassungs- und Prüfaufgaben nach der Umstellung eines Arbeitsgebietes mit Hilfe der von der Arbeitsvorbereitung erstellten Arbeitsanweisung Datenerfassung (Formular IV/27)

- Einplanung neuer Arbeiten mit Hilfe des Terminplans Datenerfassung (Formular IV/28), als Faltplan im Anhang untergebracht

- Planung und Disposition des monatlichen, wöchentlichen und täglichen Arbeitsanfalls mit Hilfe des Terminplans Datenerfassung

- Erstellen von Datenerfassungs- und Prüfprogrammen (abhängig von den eingesetzten Datenerfassungsgeräten)

- Sortieren und Verteilen der eingehenden Datenerfassungsbelege

- Erfassen und Prüfen der Daten mit Hilfe der Datenerfassungs- und Prüfgeräte

- Weitergabe der Datenträger an die Arbeitsvorbereitung und Rückgabe der Datenerfassungsbelege an die Arbeitskontrolle.

Die Arbeitsanweisung Datenerfassung (Formular IV/27) nimmt im Kopf Angaben über den Erfassungsbeleg, den Datenträger (Lochkarte, Magnetband, Lochstreifen), die Datenerfassung und die Datenprüfung auf. Im Anschluß daran werden je Datenfeld die Feldnummer, die Feldbezeichnung, die Stellen

FUTH	ARBEITSANWEISUNG DATENERFASSUNG	erstellt am: 2.8.75 erstellt durch: Meyer

Beleg-Nr.:	–	**Erfassung**	
Beleg-Bezeichnung:	Adressen	Gerät / Programm:	M003
Ø Beleg-Menge:	200	End-Termin:	7. Arbeitstag
Datenträger-Nr.:	KA 38	**Prüfung**	
Datenträger-Bezeichnung:	Lochkarten	Gerät / Programm:	M003
Ø Datenträger-Menge:	200	End-Termin:	8. Arbeitstag

Beleg		Datenträger				
Feld-Nr.	Feldbezeichnung	Stellen von	Stellen bis	A/N	E/S/D	Vorschriften / Erläuterungen
1	Datenart	1	3	N		
2	Kunden-Nr.	4	8	N		rechtsbündig, führende Leer-stellen
3	Name	9	29	A		linksbündig, m. Leerstellen ausfüllen
4	Ort	30	50	A		linksbündig, m. Leerstellen ausfüllen
5	Straße	51	70	A		linksbündig, m. Leerstellen ausfüllen
6	Änderungskz.	71	71	N		
7		72	80			leer

Anlagen

Muster Erfassungsbeleg ⊗ Muster Datenträger ⊗

Formular IV/27

von/bis, die Hinweise auf A (= alphabetisch) oder N (= numerisch) und auf E (= Erfassen), S (= Springen) und D (= Duplizieren) und einzelne Vorschriften bzw. Erläuterungen genannt.

Im Terminplan Datenerfassung (Formular IV/28) werden je Tag des betreffenden Monats oder je Periode (z.B. t = täglich) die Erfassungs- und Prüfarbeiten aufgeführt. Ein Kreuz in der Spalte F (= Fixtermin) bedeutet, daß der Ablieferungstermin unbedingt eingehalten werden muß. Nummer, Bezeichnung und Menge beziehen sich einmal auf den Beleg und zum anderen auf den Datenträger. Der Aufwand für Erfassung und Prüfung in Stunden und die zur Verfügung stehende Zeit zwischen Anlieferung der Belege und Ablieferung der Datenträger geben Auskunft darüber, wie viele Datatypistinnen je Arbeitsgang einzusetzen sind.

4. Maschinenraum

4.1 Arbeitsablauf des Maschinenraums

Der Maschinenraum ist, neben der zentralen Datenerfassung, die ausführende Stelle im Rechenzentrum, die sich mit der Datenverarbeitung auf der EDV-Anlage einschließlich der Hilfsmaschinen (herkömmliche Lochkartenmaschinen, Datenfernübertragungseinrichtungen u.a.) beschäftigt.

Im Gegensatz zu den Anfangsjahren der Datenverarbeitung ist der Maschinenraum heute durch drei Merkmale gekennzeichnet. Diese Merkmale sind:

- der Maschinenraum wird als Closed-Shop-Betrieb geführt (Merkmal: höhere Sicherheit und bessere Maschinenausnutzung)

- alle Planungs-, Vorbereitungs- und Kontrollarbeiten werden von anderen Stellen außerhalb des Maschinenraums ausgeführt (Merkmal: höhere Sicherheit durch Arbeitsteilung) und

- die Operateure sind als Maschinenbediener und nicht als Sachbearbeiter für bestimmte Arbeitsgebiete eingesetzt (Merkmal: höhere Sicherheit durch Funktionen- anstelle von Sachbearbeiterprinzip).

Der Ausdruck "Closed-Shop-Betrieb" bedeutet, daß die Tür zum Maschinenraum für jedermann verschlossen bleibt, der nicht unmittelbar mit der EDV-Anlage zu tun hat. Personen mit Zutrittserlaubnis sind die Operateure der betreffenden Schicht, die Arbeitsvorbereiter (für Umdispositionen in Ausnahmefällen) und die Systemprogrammierer, soweit sie gerade Softwareprobleme an der EDV-Anlage lösen. Insbesondere verschlossen bleibt der Maschinenraum den Programmierern, die nur noch im Closed-Shop-Testbetrieb testen sollten, und den Sachbearbeitern der Fachabteilungen, deren Partner nach der Umstellung die Mitarbeiter der Arbeitskontrolle und nicht die Operateure im Maschinenraum sind. Die Einrichtung eines Closed-Shop-Betriebes erfordert folgende organisatorische Maßnahmen:

- Festlegung und Veröffentlichung der Personen, die Zutritt zum Maschinenraum haben, bzw. die Ausgabe von Ausweisen mit Berechtigung, den Maschinenraum zu betreten

- Arbeitsteilung zwischen Maschinenraum und Arbeitsvorbereitung, die alle Planungs-, Vorbereitungs- und Archivierungsarbeiten übernimmt

- Arbeitsteilung zwischen Maschinenraum und Arbeitskontrolle, der allein die Verbindung zwischen Fachabteilungen und Rechenzentrum obliegt, und

- Einführung von Operatoranweisungen für den Testbetrieb (Testanweisungen), damit die Maschinentests ohne Anwesenheit der Programmierer ablaufen können.

Mit der Begrenzung auf reine Durchführungsarbeiten bei der Maschinenbedienung ist gemeint, daß alle planerischen, vorbereitenden und kontrollierenden Aufgaben außerhalb des Maschinenraums liegen. Diese Arbeitsteilung erhöht nicht nur die Sicherheit im Rechenzentrum, sie hat zudem den Vorteil, daß sich die Operateure voll und ganz auf die Bedienung der EDV-Anlage und damit auf eine höchstmögliche Auslastung konzentrieren können. Sobald beispielsweise ein Programm zu einem unvorhergesehenen Stop kommt, wird es gelöscht und die EDV-Anlage mit einem neuen Programm geladen. Die Ursachen des Stops werden dagegen außerhalb des Maschinenraums geklärt.

Schließlich sollte sichergestellt sein, daß die Operateure keine Sachbearbeiter sind, d.h. nur jeweils bestimmte Arbeitsgebiete abwickeln. Jeder Operator muß jedes Arbeitsgebiet maschinell abwickeln können und arbeitet, ohne besondere Sachgebietskenntnisse, allein aufgrund der Operatoranweisung (auch als Job-/Step-Beschreibung bezeichnet).

Der Arbeitsablauf im Maschinenraum beginnt mit der Einteilung der Maschinenbelegung durch die Arbeitsvorbereitung. Je Tag oder besser je Schicht erhält der Maschinenraum von der Arbeitsvorbereitung das bekannte Formular Maschinenbelegung, das dem Operator eine Übersicht über die Reihenfolge der abzuwickelnden Arbeiten gibt. Die Arbeitsunterlagen zur Abwicklung selbst sind die bekannten Job-/Step-Beschreibung, Job-Steuerkarten, Datenträger, Testanweisungen und Testdaten. Die gleichen Unterlagen gehen, zusammen mit den Arbeits- oder Testergebnissen, nach der Arbeitserledigung an die Arbeitsvorbereitung zurück. Die Istdaten der Arbeitserledigung werden mit Hilfe eines Bedienungsprotokolls bzw., bei Maschinenstörungen, mit dem Formular Störungsmeldung erfaßt. Soweit die EDV-Anlage mit einer Konsolschreibmaschine ausgerüstet ist, erfolgt eine zusätzliche Protokollierung mit Hilfe des Betriebssystems. Auswertungen über Nutzung und Auslastung bringen die Formulare Auswertung nach Arbeitsschlüsseln und Auswertung nach Kostenstellen. Bild 7 zeigt eine Übersicht über die Aktivitäten und Hilfsmittel des Maschinenraums.

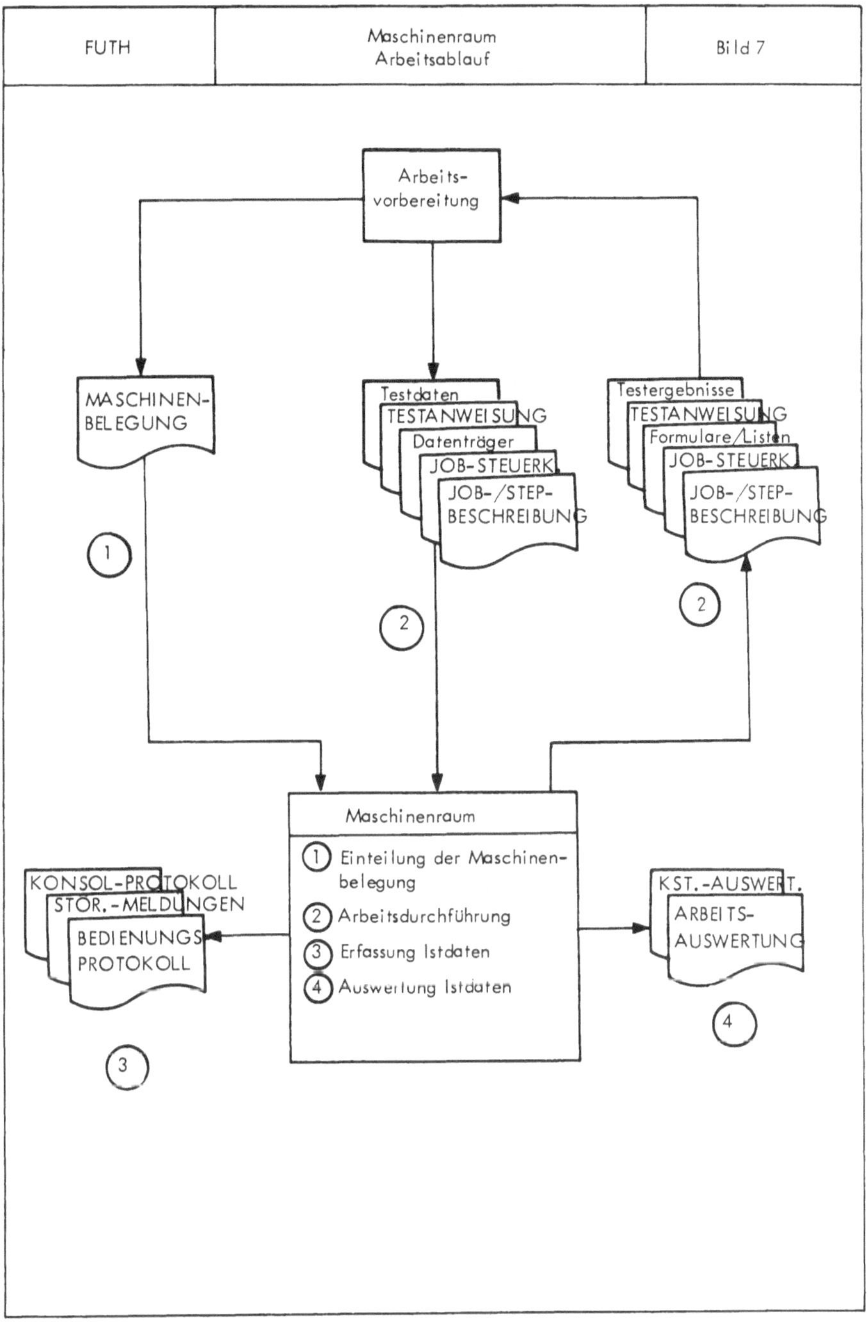
FUTH
Maschinenraum
Arbeitsablauf
Bild 7
Arbeits-
vorbereitung
MASCHINEN-
BELEGUNG
Testdaten
TESTANWEISUNG
Datenträger
JOB-STEUERK.
JOB-/STEP-
BESCHREIBUNG
Testergebnisse
TESTANWEISUNG
Formulare/Listen
JOB-STEUERK.
JOB-/STEP-
BESCHREIBUNG
1
2
2
Maschinenraum
1 Einteilung der Maschinen-
belegung
2 Arbeitsdurchführung
3 Erfassung Istdaten
4 Auswertung Istdaten
KONSOL-PROTOKOLL
STÖR.-MELDUNGEN
BEDIENUNGS
PROTOKOLL
3
KST.-AUSWERT.
ARBEITS-
AUSWERTUNG
4

4.2 Aufgaben und Hilfsmittel des Maschinenraums

Die Aufgaben des Maschinenraums können in vier Gruppen unterteilt werden, und zwar in die

- Einteilung der Maschinenbelegung
- Arbeitsdurchführung
- Erfassung der Istdaten und
- Auswertung der Istdaten.

Das bekannte Formular Maschinenbelegung liefert alle Angaben, die der Konsoloperator (oder Schichtleiter) benötigt, um Programmüberlappungen (Multiprogramming) und die Einteilung in Partitions vorzunehmen. Bei diesen Einteilungen hat er lediglich auf die Laufzeiten (= Termine für die Fertigstellung), die Priorität und die Partitions-Vorplanung im Maschinenbelegungsplan Rücksicht zu nehmen. Die Feineinteilung der Programme, die zusammen (besser: überlappt) auf der EDV-Anlage laufen, bleibt ihm überlassen, zumal nur er weiß, wenn ein Gerät der EDV-Anlage ausgefallen ist und er deshalb umdisponieren muß.

Als Unterlagen für die Erfassung und Auswertung der Arbeitsdaten im Rechenzentrum dienen

- das Bedienungsprotokoll
  (Formular IV/29)

- die Störungsmeldung
  (Formular IV/30)

- das Konsolprotokoll
  (Formular IV/31)

- die Auswertung nach Arbeitsschlüsseln
  (Formular IV/32) und

- die Auswertung nach Kostenstellen
  (Formular IV/33).

FUTH	BEDIENUNGSPROTOKOLL	erstellt am: 21.11.75 / erstellt durch: Flemming

Masch.-Sys.	Datum	Schicht	Schichtleiter	Konsolprotokoll Beginn	Konsolprotokoll Ende	Arbeitsschlüssel	Störungsschlüssel
145	21.11.75	2	Flemming	0421	0439	[illegible]	[illegible]

Lfd. Nr.	Job-/ Programmname	Start / Ende	Lauf-zeit Min.	Parti-tion	Auftrag-geber	Kosten-stelle	Arbeit Schl.	Arbeit Bemerkungen	Störungen Schl.	Störungen Bemerkungen	Opera-tor Kurzz.	Bemerkungen
01	BMA 03 010	6.10 / 6.45	35	3	Buchhalt.	4/13	1				Fl.	
02	BMA 03 020	6.50 / 7.10	20	3	"	"	1				Fl.	
03	BMA 03 030	7.10 / 7.45	35	3	"	"	1				Fl.	
04	FER 01 010	8.00 / 8.10	10	2	Fertig.	3/12	1				Fl.	
05	FER 01 020	8.15 / 8.45	30	2	"	"	1				Fl.	
06	FER 01 050	8.50 / 9.40	50	2	"	"	1				Fl.	
07	FER 01 061	9.45 / 10.05	20	2	"	"	1				Fl.	
08	Tests	6.00 / 10.00	240	2+1	Progr.	Progr.	3/4				Fl.	

Formular IV/29

Lfd. Nr.	Job-/ Programmname	Start	Lauf- zeit Min.	Parti- tion	Auftrag- geber	Kosten- stelle	Arbeit		Störungen		Opera- tor Kurzz.	Bemerkungen
		Ende					Schl.	Bemerkungen	Schl.	Bemerkungen		

FUTH	STÖRUNGSMELDUNG	erstellt am: 23.11.75 erstellt durch: Fritz

Maschinensystem: Betriebssystem:	Störungsmeldung Nr.: 458 Programmname: BMA 03010
Eintragung Operator	**Eintragung Wartungstechniker**
O Totalausfall [x] Bandgerät Nr. B1 O LK-Leser O P-Einheit Nr. O LK-Stanzer O O Drucker 1 O O Drucker 2 O Bemerkungen: wiederholter Lesefehler	[x] Technische Störung O Störung nach Netzausfall O Störung nach Klimaausfall O Bedienungsfehler O Programmfehler Bemerkungen:
Beseitigung soll erfolgen: sofort	[x] beseitigt O nicht beseitigt
Datum/Uhrzeit: 23.11.75 10.40 Unterschrift Operator: Fritz	Datum/Uhrzeit: 23.11.75 15.30 Unterschrift Techniker: Franz

Formular IV/30 (DIN A 5-Format)

FUTH	KONSOLPROTOKOLL	erstellt am:
		erstellt durch:

4711

```
*000:00 09 SV01 IPL=02, VER=08 REV=00. PROCEED? YES OR [illegible] ([illegible])
 00:00 09R
 00:00 09 SV94 VSN=SYS099, ID=28[illegible]
 00:00 09 SV01 UNIVAC 9400 SUPERVISOR READY(ID=02,VER=08,REV=00)
 00:00 SE DA 06/25/74,74176
 00:01 SE CL 23:01
 23:01 LI JB
I23:01 02 ST81 NO JOBS FILED
 23:04 FI 1
 23:04 00 SE01 090 INTV R,[illegible],I COMMAND 02 SENSE [illegible]
I23:05 01 JF05 COMP07   VERIFIED
I23:[illegible] 01 JT01 01 FILE      RUN TIME   :  : [illegible]
 23:05 RU COMP07,,GO,[illegible]
I23:05 01 JC01 10 3 COMP07   MS 00B000  MB 004A00
I23:05 01 JC10 10 OPTION NODUMP
A23:[illegible] 01 JC02 10 000=280—(SYS099) 001=281—[illegible]AT001   060=0[illegible]0—
R23:05 01 JC03 10 MT RDY?
```

FUTH	AUSWERTUNG NACH ARBEITSSCHLÜSSELN	erstellt am: 7.7.75
		erstellt durch: Hensel

Monat/Jahr	Masch.-Syst.	Mtl. Ist-Std.	Konsolprotokoll Anfang	Konsolprotokoll Ende	Arbeitsschlüssel	Störungsschlüssel
6/75	370/145	310	0147	0536	0 = Stillstand 1 = Originalarbeit 2 = Wiederhol. 3 = Umwandlung 4 = Progr.-Test 5 = Org.-Test 6 = Wartung 7 = Reparatur 8 = Störung	1 = Bedienungs-Fehler 2 = Progr.-Fehler 3 = Hardw.-Fehler 4 = Softw.-Fehler 5 = Ausfall Netz 6 = Ausfall Klimaanlage

Lfd. Nr.	Arbeits-schlüssel	Störungs-schlüssel	Anzahl	Zeit in Stunden	Zeit in %	Zwischensumme	Gesamtsumme	Bemerkungen
01	0	–	–	–	–	–	–	
02	1	–	326	185	ca. 60	185		
03	2	–	18	16	ca. 5	16		
04	3	–	142	28				
05	4	–	176	42				
06	5	–	3	14	ca. 27	84		
07	6	–	6	8				
08	7	–	5	6				
09	8	3	12	7				
10	8	4	6	4	ca. 8	25		
					100		310	

Formular IV/32

Lfd. Nr.	Arbeitsschlüssel	Störungsschlüssel	Anzahl	Zeit in Stunden	Zeit in %	Zwischensumme	Gesamtsumme	Bemerkungen

FUTH	AUSWERTUNG NACH KOSTENSTELLEN	erstellt am: 7.7.75 erstellt durch: Hensel

Monat/Jahr	Masch.-Syst.	Mtl. Ist-Std.	Wertfaktor je Std.	Wertfaktor je Min.	Arbeitsschlüssel	Störungsschlüssel
6/75	1370/145	310	660.–	11.–	0 = Stillstand 1 = Original-arbeit 2 = Wiederhol. 3 = Umwandlung 4 = Progr.-Test 5 = Org.-Test 6 = Wartung 7 = Reparatur 8 = Störung	1 = Bedienungs-Fehler 2 = Progr.-Fehler 3 = Hardw.-Fehler 4 = Softw.-Fehler 5 = Ausfall Netz 6 = Ausfall Klimaanlage

Lfd. Nr.	Auftraggeber	Kostenstelle	Arbeits-schlüssel	Störungs-schlüssel	Anzahl	Zeit in Stunden	Zeit in %	Zwischen-summe	Gesamt-summe	Bemerkungen
01	Buchhaltung	4/13	1	–	26	8,5				
02	"	"	2	–	2	0,5	ca. 3	9,0		
03	Fertigung	3/12	1	–	28	75,5	ca. 24	75,5		
04	Kostenrechn.	4/10	1	–	15	76,5	ca. 25	76,5		
05	Vertrieb	2/08	1	–	16	36,8				
06	"	"	2	–	2	3,2	ca. 13	40,0		
07	Progr.	–	3	–	142	28,0				
08	"	–	4	–	176	42,0				
09	"	–	5	–	3	14,0	ca. 27	84,0		
10	Wartung	–	6	–	6	8,0	ca. 3	8,0		
11	Reparatur	–	7	–	5	6,0	ca. 2	6,0		
12	Störung	–	8	–	18	11,0	ca. 3	11,0		
							ca. 100		310	

Formular IV/33

Lfd. Nr.	Auftraggeber	Kostenstelle	Arbeits-schlüssel	Störungs-schlüssel	Anzahl	Zeit in Stunden	Zeit in %	Zwischen-summe	Gesamt-summe	Bemerkungen

Im Bedienungsprotokoll (Formular IV/29) wird jede Arbeit auf der EDV-Anlage, aber auch jeder Maschinenausfall, lückenlos festgehalten. Bei Maschinen mit höherwertigem Betriebssystem kann üblicherweise auf eine manuelle Führung des Bedienungsprotokolls verzichtet werden, weil alle Vorgänge vom Betriebssystem gespeichert und von Zeit zu Zeit ausgedruckt werden. Aber auch bei der manuellen Führung des Bedienungsprotokolls ist es im allgemeinen ratsam, das Bedienungsprotokoll als Datenerfassungsbeleg zu gestalten, es monatlich einmal abzulochen und die Auswertungen mit Hilfe selbstgefertigter oder erworbener Programme zu gewinnen.

Da die Wartungstechniker der EDV-Anlage in der Regel nicht zugegen sind, wenn Maschinenfehler oder Störungen auftreten, sollte bei Auftreten von Störungen eine Störungsmeldung (Formular IV/30) ausgefüllt werden. Die Störungsmeldung dient einmal zur Information des Wartungstechnikers über Zeit und Art der Störung. Zum anderen kann sie bei den monatlichen Auswertungen nach Arbeitsschlüsseln herangezogen werden. Soweit eine Häufung bestimmter Störungen auftritt, sollte für diesen Zeitraum eine zusätzliche monatliche Auswertung nach Maschinenstörungen vorgenommen werden.

Mittelgroße und große EDV-Anlagen sind im allgemeinen mit einer Konsolschreibmaschine ausgerüstet, die sowohl zur Steuerung des Ablaufs in der EDV-Anlage, in Abhängigkeit vom jeweiligen Betriebssystem, als auch zur Protokollierung wichtiger Daten und Eingriffe dient. Mit Hilfe der Konsolschreibmaschine können einzelne Daten (z.B. das Tagesdatum) manuell eingegeben, das Laden und Starten von Jobs und Programmen bewirkt und Meldungen an das Bedienungspersonal ausgegeben werden. Der Einsatz einer Konsolschreibmaschine erleichtert nicht nur die Bedienung und Steuerung der EDV-Anlage, sondern das Konsolprotokoll kann auch nachträglich zur Rekonstruktion von Abläufen und zu Revisionszwecken herangezogen werden. Als Papier für die Konsolschreibmaschine wird zweifaches und vornumeriertes Endlospapier verwendet. Während das Original an die Arbeitsvorbereitung (z.B. für die Archivierung) und/oder an die Arbeitskontrolle (zur Abstimmung und Ausgabekontrolle) geht, bleiben die Kopien zusammenhängend für die obengenannten Revisionszwecke verschlossen aufbewahrt. Das Formular IV/31 zeigt das Beispiel eines Konsolprotokolls; üblicherweise erfolgt der Ausdruck auf Blankopapier und nicht auf Vordruck.

Die in den Formularen IV/32 und IV/33 dargestellten Auswertungen sind Mindestunterlagen, um die Arbeiten im Maschinenraum und die Auslastung der EDV-Anlage zu kontrollieren. Weitere Auswertungen, z.B. nach Maschinenstörungen, nach der Wirksamkeit des Multiprogrammings oder nach der Inanspruchnahme einzelner Maschinenaggregate und -geräte sind denkbar und in größeren Rechenzentren üblich. Allgemein werden diese Auswertungen unter dem Stichwort "Job-Accounting" zusammengefaßt. In manchen Rechenzentren ist das Job-Accounting so weit gefaßt, daß neben den Auswertungen für das Rechenzentrum monatlich interne Rechnungen für die Benutzer der EDV-Anlage ausgedruckt werden.

Die Auswertung nach Arbeitsschlüsseln (Formular IV/32) soll eine Aussage darüber bringen, für welche Arbeiten die EDV-Anlage im betreffenden Monat benutzt wurde bzw. welche Störungen aufgetreten sind. Im Gegensatz hierzu weist die Auswertung nach Kostenstellen (Formular IV/33) den Umfang der Benutzung in Zeit und Wert je Auftraggeber (durch seine Kostenstelle gekennzeichnet) aus. Der Wertfaktor je Stunde und Minute sollte aufgrund der monatlichen Gesamtkosten des Rechenzentrums, geteilt durch die produktive Nutzung (Praxisarbeiten und Programmtests), monatlich neu ermittelt werden.

5. Arbeitskontrolle

5.1 Arbeitsablauf der Arbeitskontrolle

Die Stelle Arbeitskontrolle bildet das Bindeglied zwischen den Fachabteilungen auf der einen und dem Rechenzentrum auf der anderen Seite nach der Umstellung eines Arbeitsgebietes. Für die Einplanung neuer Arbeiten erhält die Arbeitskontrolle von der Arbeitsvorbereitung den bekannten RZ-Terminplan, die Arbeitsanweisung Arbeitskontrolle und die Arbeitsanweisung Separieren/Schneiden. Als eigene Arbeitsunterlage kommt der Terminplan Arbeitskontrolle hinzu. Um die Ergebnisse der Datenverarbeitung vor dem Separieren und Schneiden der Formulare und Listen kontrollieren zu können, ist es zweckmäßig, die Separier- und Schneideeinrichtungen nicht dem Maschinenraum, sondern der Arbeitskontrolle zuzuordnen. Zum Separieren und Schneiden gehört auch der Versand der Formulare und Listen an die betreffenden Fachabteilungen.

Der tägliche Ablauf der Arbeitskontrolle beginnt mit der Anlieferung der Datenerfassungsbelege, begleitet durch einen Laufzettel, von den Fachabteilungen. Nach der terminlichen und sachlichen Eingabekontrolle gehen die Datenerfassungsbelege mit Laufzettel an die Datenerfassung weiter. Bei der Ausgabekontrolle werden die von der Arbeitsvorbereitung bzw. direkt vom Maschinenraum angelieferten Formulare und Listen im Hinblick auf Vollständigkeit, Abstimmsummen usw. überprüft und, nach dem Separieren und Schneiden, wiederum begleitet durch Laufzettel, an die Empfänger in den Fachabteilungen verteilt.

Bild 8 zeigt eine Übersicht über die Aktivitäten und Hilfsmittel der Arbeitskontrolle.

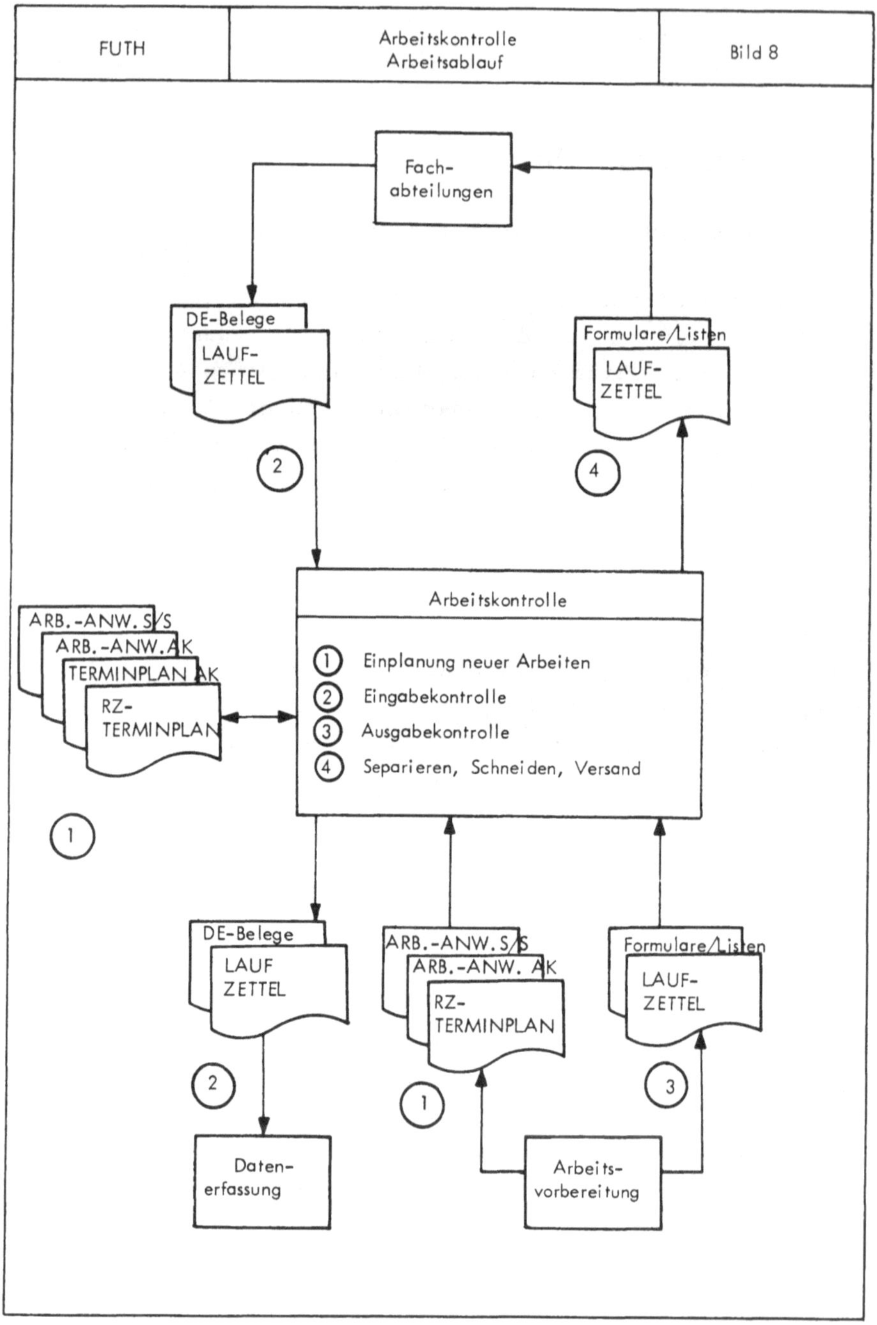
FUTH
Arbeitskontrolle
Arbeitsablauf
Bild 8
Fach-
abteilungen
DE-Belege
LAUF-
ZETTEL
Formulare/Listen
LAUF-
ZETTEL
2
4
ARB.-ANW. S/S
ARB.-ANW. AK
TERMINPLAN AK
RZ-
TERMINPLAN
1
Arbeitskontrolle
1 Einplanung neuer Arbeiten
2 Eingabekontrolle
3 Ausgabekontrolle
4 Separieren, Schneiden, Versand
DE-Belege
LAUF
ZETTEL
2
Daten-
erfassung
ARB.-ANW. S/S
ARB.-ANW. AK
RZ-
TERMINPLAN
1
Formulare/Listen
LAUF-
ZETTEL
3
Arbeits-
vorbereitung

5.2 Aufgaben und Hilfsmittel der Arbeitskontrolle

Im einzelnen hat die Arbeitskontrolle folgende Aufgaben zu erledigen:

- Überwachung der rechtzeitigen Anlieferung der Datenerfassungsbelege oder Datenträger (Lochkarten, Lochstreifen, Magnetbänder) einschließlich der Kontrollunterlagen (Additionsstreifen, Abstimmlisten, Kontrollbelege) von den Fachabteilungen

- Rückweisung von fehlerhaftem Eingabematerial

- sachliche Eingabekontrolle anhand der mitgelieferten Kontrollunterlagen

- Anmahnung fehlender Erfassungsbelege und Datenträger

- Überwachung des Durchlaufs im Rechenzentrum, Kontrolle der Zwischenergebnisse und Veranlassung von Korrekturen der von der EDV-Anlage abgewiesenen Datenträger; die Korrekturen werden entweder von dem Sachbearbeiter der Arbeitskontrolle selbst (formelle und einwandfrei erkennbare Fehler) oder durch die betreffende Fachabteilung durchgeführt

- Überwachung der rechtzeitigen Anlieferung der Formulare und Listen vom Rechenzentrum

- Abstimmung der Ergebnisse (z.B. anhand der Konsolnachrichten und Fehlermeldungen)

- Schneiden und Separieren der Formulare und Listen

- termingerechte Ablieferung der Formulare und Listen an die betreffenden Fachabteilungen

- Unterrichtung der betreffenden Stellen bei verspäteter An- und Ablieferung

- Führung von Fehlerprotokollen und Protokollen über verspätete An- und Ablieferungen

- Kontaktpflege zu den einzelnen Gruppen innerhalb des Rechenzentrums und zu anderen Bereichen im Unternehmen, insbesondere zur Revisionsabteilung.

Als Hilfsmittel werden in der Arbeitskontrolle folgende Formulare verwendet:

- Laufzettel (Formular IV/34)

- Arbeitsanweisung Arbeitskontrolle (Formular IV/35)

- Arbeitsanweisung Separieren/Schneiden (Formular IV/36)

- Terminplan Arbeitskontrolle (Formular IV/37), als Faltplan im Anhang untergebracht.

Das Formular Laufzettel (Formular IV/34) wird für die Anlieferung und Weitergabe von Belegen und Datenträgern zwischen den Fachabteilungen und dem Rechenzentrum bzw. dem Rechenzentrum und den Fachabteilungen benutzt. Sofern aus den Belegen in der zentralen Datenerfassung Datenträger gewonnen werden, ist kein zweiter Beleg zu erstellen, sondern eine entsprechende Eintragung im Kopf des Formulars vorzunehmen. Im allgemeinen wird <u>ein</u> Laufzettel für den Transport von Datenerfassungsbelegen von der Fachabteilung über die Arbeitskontrolle und die Datenerfassung (hier werden die Datenträger-Angaben hinzugefügt) bis zur Arbeitsvorbereitung benutzt. Ein zweiter Laufzettel dient dann für den Rücklauf der Formulare und Listen von der Arbeitsvorberei-

FJTH	LAUFZETTEL	erstellt am: 3.7.75 erstellt durch: Meyer

Arbeitsgebiet: Debitorenbuchhaltung
Belege: Stornierungen
Datenträger: Lochkarten KA 06
Formulare/Listen:

Bemerkungen:

Datum	Uhrzeit	von Abt./Name/Telefon an Abt./Name/Telefon	Anzahl	Nummernkreis von	Nummernkreis bis	Restlieferung	Bemerkungen
12.8.75	10.00	Buchhaltung, Krause	35	01	35	–	
"	10.30	Arbeitskontrolle, Müller					
"	12.00	Arbeitskontrolle	35	01	35	–	
"	12.15	Datenerfassung					
13.8.	10.00	Datenerfassung	70	–	–	–	
"	10.30	Arbeitsvorbereitung, Kind					

Formular IV/34 (DIN A 5-Format)

tung über die Arbeitskontrolle an die betreffenden Fachabteilungen. Alle weiteren Angaben können dem dargestellten Laufzettelmuster entnommen werden.

Die Arbeitsanweisung Arbeitskontrolle (Formular IV/35) dient zur Durchführung der Ein- und Ausgabekontrollen. Die Nummer der Arbeitsanweisung im Kopf des Formulars weist auf den Zusammenhang mit der Terminplanung in der Arbeitskontrolle hin. Weitere Eintragungen sind der Name bzw. die Nummer der zu kontrollierenden Belege, Datenträger, Formulare oder Listen. Für jedes zu kontrollierende Datenfeld ist die Kontrollvorschrift aufzuführen. In der Regel wird es so sein, daß es sich nicht um die Kontrolle einzelner Datenfelder, sondern um den Vergleich von Abstimm- oder Kontrollsummen handelt. Jede Arbeitsanweisung sollte durch ein entsprechendes Belegmuster begleitet sein.

Die Arbeitsanweisung Separieren/Schneiden (Formular IV/36) dient den Hilfskräften in der Arbeitskontrolle dazu, die betreffenden Formulare oder Listen zu separieren, d.h. Original und Kopien zu trennen sowie das Kohlepapier zu entfernen, und das Endlospapier in einzelne Formulare oder Listen zu schneiden. Die Angaben auf der Arbeitsanweisung enthalten Hinweise zur Einrichtung der Maschinen einschl. eines Versandhinweises für die Verteilung der Formulare und Listen. Auch diese Arbeitsanweisung sollte durch ein Muster der betreffenden Formulare oder Listen und ggfs. durch Programmkarten oder Vorschubstreifen für die Steuerung der Maschinen begleitet sein.

Im Gegensatz zur Arbeitsanweisung Arbeitskontrolle (für die sachliche Ein- und Ausgabekontrolle) dient der Terminplan Arbeitskontrolle zur Überwachung auf rechtzeitige An- und Ablieferung der Belege, Datenträger und Formulare/Listen. Wir halten es für empfehlenswert, wenn zwei Terminpläne geführt werden, und zwar einer unterteilt nach Perioden für die sich wiederholenden Arbeiten und ein zweiter für diejenigen An- und Ablieferungen, die jeden Monat neu terminiert werden müssen. Aus dem Terminplan geht hervor,

FUTH	ARBEITSANWEISUNG ARBEITSKONTROLLE	erstellt am: 4.7.75 erstellt durch: Meyer

Arbeitsanweisung-Nr.: 312 Name/Nr.: KA 06 (Belege) Bezeichnung: Stornierungen	Bemerkungen:

Lfd. Nr.	Datenfeld	Kontrollvorschrift	Bemerkungen
		nur Nummernkreise entspr. Laufzettel auf Vollständigkeit kontrollieren	

Anlagen

Muster Beleg ⊗ Muster Datenträger ○ Muster Formular/Liste ○

Formular IV/35

FUTH	ARBEITSANWEISUNG SEPARIEREN/SCHNEIDEN	erstellt am: 9.8.75 erstellt durch: Meyer

Arbeitsanweisung-Nr.: 410 Versand-Termin: wöchentlich, Montags	Formular/Liste-Nr.: 321-7 Formular/Liste-Bezeichnung: Zahlungen

Separator

Formular ► / ▼ Bearbeitung	Original	1. Kopie	2. Kopie	3. Kopie	4. Kopie	5. Kopie
Laufrichtung						
Randbeschnitt rechts/links	X					
Trennen	X	X	X			
Zusammenführen						
Weitere Bearbeitung						

Bemerkungen:

Schneidemaschine

Formular ► / ▼ Bearbeitung	Original	1. Kopie	2. Kopie	3. Kopie	4. Kopie	5. Kopie
Laufrichtung						
Randbeschnitt rechts in cm/lt. Markierung						
Randbeschnitt links in cm/lt. Markierung						
Mittelschnitt						
Programmkarte/ Vorschubstreifen	X	X	X			

Bemerkungen:

Verteiler-Abt.	Buchhaltung	Buchhaltung	Verkauf			

Anlagen

Muster Formular/Liste ⊗ Programmkarte ⊗ Vorschubstreifen ○

Formular IV/36

welche Belege oder Datenträger wann und von welcher Abteilung anzuliefern sind bzw. an die nächste Stelle weitergeliefert werden müssen. Der Hinweis auf die Nummer der Arbeitsanweisung stellt den Zusammenhang mit den Arbeitsanweisungen der Arbeitskontrolle her.

Anhang

Begriffserklärungen

Änderungsdienst	Bezeichnung aller Aktivitäten für die Durchführung von Programmänderungen
Arbeitsanweisung Arbeitskontrolle	Anweisung an die Arbeitskontrolle für die Durchführung der Ein- und Ausgabekontrolle
Arbeitsanweisung Datenerfassung	Anweisung an die Stelle Datenerfassung für die Erfassung und Prüfung der Daten
Arbeitsanweisung Separieren/Schneiden	Anweisung an die Arbeitskontrolle für das Separieren und Schneiden von Formularen und Listen
Arbeitsauftrag	Auftrag an einen Projektmitarbeiter, bezogen auf eine bestimmte Projektstufe
Arbeitskontrolle	Stelle des Rechenzentrums, die mit der Überwachung der An- und Ablieferung von Belegen sowie der Ein- und Ausgabekontrolle befaßt ist
Arbeitsmittel	Praxis- und Testdaten, in Form von Lochkarten, Lochstreifen, Magnetbändern, Magnetplatten u.a.

Arbeitsschlüssel	Kennziffer für die Protokollierung und Auswertung von Arbeiten auf der EDV-Anlage
Arbeitsunterlagen	im Gegensatz zu Arbeitsmitteln Unterlagen (Maschinenbelegung, Job-/Step-Beschreibung, Testanweisung) für die Durchführung von Arbeiten auf der EDV-Anlage
Arbeitsvorbereitung	Stelle des Rechenzentrums, die die Termin- und Kapazitätsplanung, die Ablaufvorbereitung und die Archivierung durchführt
Archivar	Mitarbeiter der Stelle Arbeitsvorbereitung, der für die Archivierung von Datenträgern und Dokumentationsunterlagen sowie für die Materialdisposition und -bestandsführung verantwortlich ist
Archivierung	Verwaltung und Änderungsdienst des Datenträger- und Dokumentationsarchivs
Archivkarte	Hilfsmittel für die Datenträgerarchivierung, nach Archiv-Nummern geordnet
Archiv-Nummer	fortlaufende Numerierung von Magnetbändern und Magnetplatten
Aufkleber	feste Archiv-Nummernaufkleber oder zeitweise Aufkleber mit der jeweiligen Dateibezeichnung
Auftrag Programmänderungen	Hilfsmittel für die Auftragsvergabe von Programmänderungen

Auftragszuordnung	Zuordnung eines Arbeitsschritts oder Belegs zu einem bestimmten Auftrag: EDV-Auftrag, Projektauftrag oder Arbeitsauftrag
Ausgabe	hier: Ausgabe von Datenverarbeitungsergebnissen in Form von Listen oder Formularen
Ausgabeintensität	Hinweis auf die starke Belastung der EDV-Anlage bei den Ausgabegeräten innerhalb eines Programms
Ausgabekontrolle	Kontrolle der von der EDV-Anlage gedruckten Formulare oder Listen mit Hilfe von Abstimm- oder Kontrollsummen
Auswertung nach Arbeitsschlüsseln	Kontrolle der Maschinenbelegung, unterteilt nach Arbeitsschlüsseln
Auswertung nach Kostenstellen	Kontrolle der Maschinenbelegung, unterteilt nach Benutzern (Kostenstellen)
Arbeitsvorbereitung-Arbeitsmappe	Arbeitsmappe in der Arbeitsvorbereitung mit den erforderlichen Dokumentationsunterlagen
Arbeitsvorbereitung-Dokumentation	Dokumentation der von der Arbeitsvorbereitung je Arbeitsgebiet benötigten Unterlagen
Bedienungsprotokoll	in der Praxis auch als Logbuch bezeichnet; Dokumentation jeder einzelnen Arbeit auf der EDV-Anlage, manuell vom Operator

	oder maschinell durch Hilfsprogramm erstellt
Betriebssystem	Hauptbestandteil der Systemsoftware zur Steuerung der Hardware
Blankopapier	Endlospapier ohne Vordruck
Closed-Shop-Betrieb	abgeschlossener Maschinenraum, zu dem nur bestimmte Personen mit Genehmigung Zutritt haben
Closed-Shop-Testbetrieb	Maschinenraum, in dem die Programmierer nicht mehr selbst im Eigentest auf der EDV-Anlage testen, sondern die Durchführung der Tests mit Hilfe von Testanweisungen durch die Operateure vorgenommen werden
Datatypistin	Mitarbeiterin der Stelle Datenerfassung für die Erfassung und Prüfung von Daten
Datei	Bezeichnung eines zusammenhängenden Datenbestandes; Beispiel: Lagerbestandsdaten, Kundendaten, Personaldaten u.a.
Dateiaufbau	Gliederung einer Datei in Datensätze
Datei-Aufkleber	körperliche Kennzeichnung von Magnetbändern und Magnetplatten mit Angaben über die jeweilig darauf gespeicherten Dateien

Dateibewegung	Eintragung in den Dateikarten bei jedem Lesen oder Schreiben einer Datei
Dateibibliothek	meist auf Magnetplatte gespeichertes Dateienverzeichnis
Dateikarte	Hilfsmittel für die Archivierung von Dateien, nach Dateien geordnet
Dateiname	programmtechnische Kurzbezeichnung einer Datei
Datei-Steckkarte	Verwendung einer Steckkarte anstelle eines Datei-Aufklebers mit derselben Funktion
Dateiverwaltung	karteimäßige Führung und Verwaltung von Magnetbändern und Magnetplatten
Datenerfassung	Erfassung der von äußeren oder inneren Stellen eingehenden Datenträger (Lochkarte, Magnetband u.a.); gleichzeitig Bezeichnung der Stelle Datenerfassung
Datenerfassungsbeleg Job-Steuerkarten	Datenerfassungsbeleg für die Aufnahme der Karten zur Jobsteuerung
Datenerfassungsgerät	Gerät für die Übernahme von Daten in Lochkarten, Lochstreifen, Magnetbändern u.a.
Datenerfassungsprogramm	Hilfsmittel für die Durchführung wiederkehrender Operationen (Duplizieren, Springen u.a.) beim Datenerfassungsgerät

Datenfernübertragungseinrichtung	Geräte für die Übertragung von Daten zwischen EDV-Anlage und externen Plätzen mit Hilfe von Telefon- oder Fernschreibleitungen
Datenflußplan	Darstellung eines Arbeitsablaufs in schaubildlicher Form
Datensicherung	Maßnahmen und Verfahren für die Rekonstruktion von Daten bei Löschung und Zerstörung
Datensatz	zusammenhängende Datengruppe für einen Geschäftsvorfall, z.B. die Daten eines Lohnbelegs, einer Materialentnahme, einer Bestellung u.a.
Datenträger	Mittel für die Aufnahme von Daten bei der elektronischen Datenverarbeitung: Lochkarte, Lochstreifen, Magnetband, Magnetplatte u.a.
Datenträgeraustausch	Austausch von Datenträgern mit anderen Stellen, z.B. Banken
Datenträger-Versandschein	Begleitschein beim Transport von Datenträgern
Deckblatt Arbeitsvorbereitungs-Dokumentation	Übersichts- und Inhaltsblatt für die Dokumentation eines Arbeitsgebiets in der Arbeitsvorbereitung
Deckblatt Programmdokumentation	Übersichts- und Inhaltsblatt für die Dokumentationsunterlagen je Programm

Deckblatt Systemdokumentation	Übersichts- und Inhaltsblatt für die Dokumentationsunterlagen je System (Arbeitsgebiet)
Detailorganisation	Projektstufe, die sich mit der organisatorischen Feinplanung eines EDV-Systems befaßt
Direkteingabe	Eingabe von Daten mit Hilfe von Schreibmaschine oder Bildschirmgerät direkt in die EDV-Anlage ohne Datenträger
Dokumentation	Unterlagen zur Sicherung eines umgestellten Arbeitsgebietes
Dokumentationsänderung	Maßnahmen und Hilfsmittel zur sicheren und wirtschaftlichen Änderung von Dokumentationsunterlagen
EDV-Auftrag	Auftrag von der Fachabteilung an die EDV-Abteilung, ein bestimmtes Arbeitsgebiet auf der Grundlage der Ergebnisse aus der Voruntersuchung umzustellen
EDV-Konzeption	neu entwickeltes Organisationssystem
EDV-Organisation	Abteilung oder Gruppe im EDV-Bereich zur Durchführung der organisatorischen Umstellungsarbeiten
Eingabe Datenträger	Datenträger für die Eingabe von Daten (Lochkarte, Lochstreifen, Magnetband u.a.)

Eingabekontrolle	Aktivität der Stelle Arbeitskontrolle mit Überprüfung der von den Fachabteilungen angelieferten Datenerfassungsbelege und Datenträger
Eingabeintensität	Hinweis auf die starke Belastung der EDV-Anlage bei den Eingabegeräten innerhalb eines Programms
Eingabesätze	Datensätze auf Magnetband oder Magnetplatte für die Dateneingabe
Endlospapier	Tabellierpapier in Form von Endlosformularen oder Endloslisten
Fehlerprotokoll	Protokollierung von Eingabefehlern über Konsolschreibmaschine oder Drucker während des Eingabe- und Prüflaufs
Fein-Datenflußplan	Datenflußplan unter Einbeziehung aller manueller und maschineller Arbeitsschritte, Speicherdaten sowie Ein- und Ausgabebelege
Freigabedatum	Datum, zu dem ein Programm oder Arbeitsgebiet für die Abwicklung auf der EDV-Anlage freigegeben ist
Freigabe Programmänderungen	Formulare, mit dem die Freigabe von Programmänderungen eines Arbeitsgebietes der Stelle Arbeitsvorbereitung mitgeteilt wird

Handlager	Lager für Verbrauchsmaterial in der Nähe des Maschinenraums, mit durchschnittlichem Wochenbedarf
Hauptlager	Materiallager für Verbrauchsmaterial, meist im Keller des Rechenzentrums untergebracht, für die Lagerung der Materialbestände an Lochkarten, Formularen, Tabellierpapier u.a.
interne Priorität	Vorrang bei der EDV-Verarbeitung in Form von Multiprogramming; eine hohe Priorität bedeutet, daß das betreffende Programm innerhalb der Programmüberlappung mit Vorrang abläuft
Job	Zusammenfassung von mehreren Programmen (Steps) eines Arbeitsgebiets für die gemeinsame Planung, Einrichtung und Durchführung der Verarbeitung auf der EDV-Anlage
Job-Accounting	Hilfsprogramme für die statistische Speicherung und Auswertung von Arbeiten auf der EDV-Anlage
Job-Name	programmtechnische Bezeichnung eines Jobs
Job-/Step-Beschreibung	Operatoranweisung je Job, unterteilt nach Programmen, mit allen Angaben für die Abwicklung eines Jobs auf der EDV-Anlage
Job-Steuerkarten	besondere Programmkarten zur Steuerung eines Jobs mit Hilfe des Betriebssystems

Job-Steuerung	Steuerung der Abwicklung auf der EDV-Anlage mit Hilfe des Betriebssystems und unterstützt durch Job-Steuerkarten
Kapazitätsplanung	Aktivität der Arbeitsvorbereitung zur Planung und Auslastung der vorhandenen Maschinenkapazitäten
Kernspeicher-Bedarf	(Ksp.-Bedarf), Größenordnung eines Programms, bezogen auf den internen Arbeitsspeicher
Konsolprotokoll	maschinelle Protokollierung des Arbeitsablaufs auf der EDV-Anlage mit Hilfe der Konsolschreibmaschine
Konsolschreibmaschine	Gerät der EDV-Anlage zum Drucken von Konsolprotokollen
Laufzettel	Hilfsmittel für den Durchlauf von Belegen, Datenträgern oder Listen zwischen Fachabteilungen und Rechenzentrum
Listbild	formelle Gestaltung einer Liste oder eines Formulars
Markierungsbeleg	Beleg für die Dateneingabe unter Umgehung eines zusätzlichen Datenträgers: die Angaben auf dem Beleg werden nach einem speziellen Verfahren auf dem Beleg angebracht
Maschinenbelegung	Hilfsmittel für die Feinplanung je Arbeitstag oder Arbeitsschicht der Arbeitsbelegung auf der EDV-Anlage

Materialdisposition	hier: Disposition des Verbrauchsmaterials für die EDV-Anlage
Maschinenplan	Hilfsmittel für die wöchentliche Maschinenplanung, unterteilt nach Arbeitstagen und Arbeitsschichten
Maschinenprogramm	Programm in der Maschinensprache, das ohne Umsetzung zu verwenden ist
Maschinenprotokoll	siehe Konsolprotokoll
Maschinenraum	Teilbereich des Rechenzentrums, in dem die EDV-Anlagen und Hilfsmaschinen aufgestellt sind
Maschinensystem	anderer Ausdruck für EDV-Anlage
Maschinenzeit-Anforderung	Hilfsmittel für die zusätzliche, nicht geplante Maschinenzeit, z.B. für besondere Auswertungen
Materialkarte	Hilfsmittel für die Disposition und Bestandsführung von Verbrauchsmaterial
Multiprogramming	Ausdruck für die überlappte Programmverarbeitung in der EDV-Anlage
Operatoranweisung	Anweisung an den Operator, im einzelnen Testanweisung und Job-/Step-Beschreibung
Operator-Handbuch	Handbuch mit generellen Arbeitsanweisungen, Sicherheitsbestimmungen und Job-/Step-Beschreibungen

optisch lesbarer Beleg	Datenerfassungsbeleg, der unter Umgehung von besonderen Datenträgern mit Hilfe optischer Lesegeräte von der EDV-Anlage gelesen werden kann
Partition	englischer Ausdruck für die zeitweise Unterteilung der Zentraleinheit einer EDV-Anlage in Teilbereichen, um Programme überlappt ablaufen lassen zu können (Multiprogramming)
Priorität	anderer Ausdruck für Vorrang
Prioritätsziffer	siehe Prioritätsschlüssel
Prioritätsschlüssel	numerische Kennzeichnung der Priorität
Problemanalyse	erste Stufe der Projektrealisierung mit Aufnahme und Darstellung des gegenwärtigen Zustands
Programm	Summe der Arbeitsschritte für die Durchführung einer Aufgabe auf der EDV-Anlage
Programmänderung	Änderung, Ergänzung oder Erweiterung eines bestehenden Programms
Programmbibliothek	meist auf Magnetplattenspeicher geführtes Programmverzeichnis
Programmdokumentation	Zusammenstellung aller Programmunterlagen zur Sicherung eines Programms

Programmfolgeplan	schaubildliche Darstellung der Programmreihenfolge für die Abwicklung eines Arbeitsgebietes
Programmierung	Bezeichnung für die Übersetzungsarbeiten von der Programmvorgabe in ein Programm
Programm-Name	programmtechnische Bezeichnung eines Programms
Programmpriorität	Vorrang eines Programms bei der internen Verarbeitung
Programmüberlappung	überlappte Verarbeitung von Programmen innerhalb eines Arbeitsablaufs
Programmversion	Kennzeichnung eines geänderten Programms
Projektauftrag	Auftrag an ein Projektteam zur Umstellung eines Arbeitsgebietes
Projektrealisierung	Abwicklung eines Projekts, unterteilt nach Projektstufen
Projektstufenzuordnung	Zuordnung eines Arbeitsschrittes oder Beleges zu einer bestimmten Projektstufe
Projektteam	zeitweilige Zusammenfassung von Mitarbeitern aus der EDV-Abteilung und den von der Umstellung betroffenen Fachabteilungen zur Umstellung eines Projekts auf die EDV

Prüfgerät	Gerät zum Prüfen von Daten nach der Datenerfassung
Prüfprogramm	hier: Hilfsmittel für die Durchführung einzelner Operationen im Prüfgerät
Prüfziffernprogramm	Standardprogramm für die Errechnung und Auflistung von Schlüsseln mit Prüfziffern
Rechenzentrum	Zusammenfassung aller Aktivitäten der EDV-Abwicklung, unterteilt nach Arbeitsvorbereitung, Datenerfassung, Maschinenraum und Arbeitskontrolle
RZ-Arbeitsplan	Hilfsmittel für die Planung aller sich wiederholenden Arbeitsgebiete, unterteilt nach Perioden
RZ-Terminplan	Terminplanung für die Abwicklung von Arbeiten, je Arbeitsgebiet angefertigt, in den Fachabteilungen und im Rechenzentrum
Schneiden	hier: Schneiden der Endlosformulare mit Hilfe einer Papierschneidemaschine
Schlüssel	problembezogenes Ordnungsmerkmal eines Datensatzes
Separieren	hier: Auseinandertrennen der einzelnen Schichten des Endlospapiers

Standardmeldung	standardisierte Konsolmeldung als Hilfsmittel für die Steuerung der EDV-Anlage durch den Operator
Standard-Unterprogramm	Unterprogramm zum Einfügen in andere Programme, standardisiert
Steckkarte	Funktion wie Datei-Aufkleber, zum Einstecken in einen Rahmen auf dem Magnetband
Step	anderer Ausdruck für Programm im Rahmen der Job-Steuerung
Störungsmeldung	Hilfsmittel für die Dokumentation und Meldung von Maschinenstörungen
System	anderer Ausdruck für Arbeitsgebiet
Systemdokumentation	Dokumentationsunterlagen je System
Systemeinführung	letzte Projektstufe, in der das umgestellte System in den Fachabteilungen und im Rechenzentrum eingeführt wird
Systementwicklung	Projektstufe, in der das neue System entwickelt und dokumentiert wird
System-Name	programmtechnische Bezeichnung eines Systems
Systemzuordnung	Zuordnung eines Belegs oder Arbeitsschritts zu dem betreffenden System, Teilsystem oder Untersystem

Teilsystem	sachliche Unterteilung eines Systems in Teilsysteme
Terminplan Arbeitskontrolle	Hilfsmittel für die Terminplanung hinsichtlich An- und Ablieferung von Belegen, Datenträgern und Formularen/Listen in der Arbeitskontrolle
Terminplan Datenerfassung	Hilfsmittel für die Terminplanung der Datenerfassungs- und Prüfarbeiten in der Datenerfassung
Terminplanung	Aktivität der Arbeitsvorbereitung zur Einplanung von Praxis- und Testarbeiten
Testanweisung	Hilfsmittel für die Durchführung von Testarbeiten auf der EDV-Anlage im Closed-Shop-Testbetrieb
Testarbeit	im Gegensatz zur Praxisarbeit Durchführung von Programmtests
Testbedarf	Hilfsmittel für die wöchentliche Einplanung der Testarbeiten in der Arbeitsvorbereitung
Testdaten	simulierte Geschäftsvorfälle zum Austesten von Programmen
Testergebnisse	Ergebnisse eines Maschinentests, auf Tabellierpapier ausgedruckt
Übergabeprotokoll	Hilfsmittel für den Abschluß von Umstellungsarbeiten und die Übergabe eines Systems vom Projektteam an das Rechenzentrum

Übernahmearbeit	Arbeiten im Zusammenhang mit der Übernahme eines Systems auf die EDV-Anlage
Umstellungsarbeiten	hier: Übernahme von Datenbeständen und Durchführung von Testarbeiten während der Umstellungsphase
Umwandlung	Umwandlung von Programmen in Maschinenprogramme mit Hilfe von Übersetzungsprogrammen
Untersuchungsteam	siehe Projektteam
Untersystem	Unterteilung eines Teilsystems in Untersysteme
Versions-Nummer	Kennzeichnung eines geänderten Programms
Vorbereitung von Maschinenabläufen	Aktivität der Arbeitsvorbereitung für die Zusammenstellung und Vorbereitung von Arbeitsunterlagen und Arbeitsmitteln
Vorschubstreifen	Endlospapierstreifen für die Vorschubsteuerung bei einigen Druckern
Voruntersuchung	Aktivität vor Beginn der Umstellungsarbeiten mit dem Ziel, die Zweckmäßigkeit und Wirtschaftlichkeit einer EDV-Umstellung zu untersuchen

Sachregister

FUTH	TERMINPLAN DATENERFASSUNG	erstellt am: 4.6.75 erstellt durch: Petersen

Tag/Periode	F	Beleg			Datenträger			Aufwand		Verfügbare Zeit in Std.	Anlieferung	Ablieferung	Anzahl Datatypistin		Bemerkungen
		Beleg-Nr.	Beleg-Bezeichnung	Ø Menge	Datenträger Nr.	Datenträger-Bezeichnung	Ø Menge	E	P				E	P	
4.6.	X	212-4	Lohnbelege	2.000	L013	Zeitlohnkarten	2.000	6,0	4,0	4	10.00	14.00	3	2	
"		276-1	Kundenaufträge	500	A112	Bestellkarten	650	2,5	1,5	8	8.00	17.00	1	1	
"		222-7	Materialscheine	250	M009	Materialkarten	250	1,0	0,6	8	10.00	5.6.	1	1	
5.6.		217-1	Adreßänderungen	150	A098	Adreßkarten	300	1,5	1,0	8	14.00	6.6.	1	1	
"	X	241-9	Retouren	50	R012	Retourenkarten	50	0,3	0,2	2	14.00	16.00	1	1	

FUTH

TERMINPLAN ARBEITSKONTROLLE

erstellt am: 31.5.75

erstellt durch: Pauli

Tag/ Perio-de	Nr.	Bezeichnung	Belege	Lochkarten	Magn.-Band	Form./Listen		Ø Menge	von Uhrzeit	von Abteilung/Name Telefon	an Uhrzeit	an Abteilung/Name Telefon	Arbeitsanweisung Nr.
4.6.	212-4	Lohnbelege	X					2.000	9.00	Lohnbuchhaltung Seefert, App. 311	10.00	DE	
"	276-1	Kundenaufträge	X					500	7.30	Verkauf, Friedeburg, App. 312	8.00	DE	
"	222-7	Materialscheine	X					250	8.00	Lager, Siebert, App. 918	10.00	DE	
"	—	Auftragseingänge				X		20	17.00	AV	5.6.	Verkauf, Werner, App. 459	
"	321-7	Mahnungen				X		150	14.00	AV	16.00	Verkauf, Effert, App. 313	
5.6.	217-1	Adreßänderungen	X					150	10.00	Verkauf, Friedeburg	14.00	DE	
"	241-9	Retouren	X					50	12.00		14.00	DE	

Formular IV 37

FUTH	LISTBILD	erstellt am: 2.12.75 / erstellt durch: York
System	Teilsystem	Untersystem
Rechnungswesen	Buchhaltung	Verkaufsabrechnung
Auftrags-Nr.	Auftragsbezeichnung	Projektstufe
074.1.06	Durchführen Detailorganisation	Detailorganisation

07.03.76 EINGABE- UND FEHLERPROTOKOLL AUFTRAEGE VA3027 SEITE 1

SA	KUNDE NR.	PZ	AUFTRAGS DATUM	AUFTRAGS-NR.	ARTIKEL 1 ART. NR.	MENGE	PREIS	ARTIKEL 2 ART. NR.	MENGE	PREIS	ARTIKEL 3 ART. NR.	MENGE	PREIS	ARTIKEL 4 ART. NR.	MENGE	PREIS	ARTIKEL 5 ART. NR.	MENGE	PREIS
01	03215	8	03.03.76	031346	1436	10	17,50	1444	110	45,75	2010	20	80,00	2146	1	44,25	2148	17	14,10
01	03305	4 *	28.02.76	007683	1A36 ****	5	15,50	1204	1000	20,00									
01	58730	3	32.02.76 **	106351	1444	1200	45,75												
01	58735	4	03.03.76	1100	1437	15	20,10	1546	80	50,20	2176	4	35,00	2204	3	70,00	2260	13	20,00
01	58735	4	03.03.76	1101	2265	3	47,30	2317	2	30,10	314A ****	2	47,50						
01	58737	0	04.03.76	267659	1436	20	17,50												
99	9—9	9	9—9	9—9	9—9	9—9	9—9	9—9	9—9	9—9	9—9	9—9	9—9	9—9	9—9	9—9	9—9	9—9	9—9

Feldlängen

Art: Blankoliste
Funktion: Ausweis aller Eingaben und Fehler
Formular-Nr.: —
Anzahl: 15-20 Blätter
Kopien: keine
Empfänger: Buchhaltung
Format: 12" × 10 3/4"
Druckverfahren: —

FUTH	MASCHINENPLAN	erstellt am: 30.8.75
		erstellt durch: Lohmann

Tag	Schicht	Stunden	Belegung
Montag 2.9.	1. Schicht	06 07 08 09 10 11 12 13	Wartung; BMA 003; BMA 017; Umwandlungen/Tests; FLS007; PLS013
	2. Schicht	14 15 16 17 18 19 20 21	FLS014; VAB 001; VAB003; KRE012; KRE 013; Umwandlungen/Tests
	3. Schicht	22 23 24 01 02 03 04 05	
Dienstag 3.9.	1. Schicht	06 07 08 09 10 11 12 13	Reparatur BE1; BMA003; Umwandlungen/Tests; PWE 007; PWE 008
	2. Schicht	14 15 16 17 18 19 20 21	PWE 011; FLS 009; PWE 012; Umwandlungen/Tests; PWE 018; MAT 002
	3. Schicht	22 23 24 01 02 03 04 05	
Mittwoch 4.9.	1. Schicht	06 07 08 09 10 11 12 13	
	2. Schicht	14 15 16 17 18 19 20 21	
	3. Schicht	22 23 24 01 02 03 04 05	
Donnerstag 5.9.	1. Schicht	06 07 08 09 10 11 12 13	
	2. Schicht	14 15 16 17 18 19 20 21	
	3. Schicht	22 23 24 01 02 03 04 05	
Freitag 6.9.	1. Schicht	06 07 08 09 10 11 12 13	
	2. Schicht	14 15 16 17 18 19 20 21	
	3. Schicht	22 23 24 01 02 03 04 05	

Formular IV/14

FSC
www.fsc.org
MIX
Papier | Fördert gute Waldnutzung
FSC® C083411

Zeitfracht Medien GmbH
Ferdinand-Jühlke-Straße 7
99095 Erfurt, Deutschland
produktsicherheit@kolibri360.de